Jornalismo internacional

COLEÇÃO COMUNICAÇÃO

Coordenação
Luciana Pinsky

A arte de entrevistar bem Thaís Oyama
A arte de escrever bem Dad Squarisi e Arlete Salvador
A arte de fazer um jornal diário Ricardo Noblat
A imprensa e o dever de liberdade Eugênio Bucci
A mídia e seus truques Nilton Hernandes
Assessoria de imprensa Maristela Mafei
Comunicação corporativa Maristela Mafei e Valdete Cecato
Correspondente internacional Carlos Eduardo Lins da Silva
Escrever melhor Dad Squarisi e Arlete Salvador
Ética no jornalismo Rogério Christofoletti
Hipertexto, hipermídia Pollyana Ferrari (org.)
História da imprensa no Brasil Ana Luiza Martins e Tania Regina de Luca (orgs.)
História da televisão no Brasil Ana Paula Goulart Ribeiro, Igor Sacramento e Marco Roxo (orgs.)
Jornalismo científico Fabíola de Oliveira
Jornalismo cultural Daniel Piza
Jornalismo de rádio Milton Jung
Jornalismo de revista Marília Scalzo
Jornalismo de TV Luciana Bistane e Luciane Bacellar
Jornalismo e publicidade no rádio Roseann Kennedy e Amadeu Nogueira de Paula
Jornalismo digital Pollyana Ferrari
Jornalismo econômico Suely Caldas
Jornalismo esportivo Paulo Vinicius Coelho
Jornalismo internacional João Batista Natali
Jornalismo investigativo Leandro Fortes
Jornalismo político Franklin Martins
Jornalismo popular Márcia Franz Amaral
Livro-reportagem Eduardo Belo
Manual do foca Thaïs de Mendonça Jorge
Manual do frila Maurício Oliveira
Manual do jornalismo esportivo Heródoto Barbeiro e Patrícia Rangel
Os jornais podem desaparecer? Philip Meyer
Os segredos das redações Leandro Fortes
Perfis & entrevistas Daniel Piza
Reportagem na TV Alexandre Carvalho, Fábio Diamante, Thiago Bruniera e Sérgio Utsch (orgs.)
Teoria do jornalismo Felipe Pena

Jornalismo internacional

João Batista Natali

Copyright© 2004 João Batista Natali
Todos os direitos desta edição reservados à
Editora Contexto (Editora Pinsky Ltda.)

Coordenação da Coleção Comunicação
Luciana Pinsky

Diagramação
Gustavo S. Vilas Boas

Revisão
Vera Quintanilha

Projeto de capa
Marcelo Mandruca

Montagem de capa
Antonio Kehl

Dados Internacionais de Catalogação na Publicação (CIP)
(Câmara Brasileira do Livro, SP, Brasil)

Natali, João Batista
Jornalismo internacional / João Batista Natali. –
2. ed., 1ª reimpressão. – São Paulo : Contexto, 2025. –
(Coleção comunicação)

Bibliografia.
ISBN 978-85-7244-272-5

1. Comunicação internacional 2. Jornalismo I. Título.

04-4791   CDD-0740.4

Índice para catálogo sistemático:
1. Jornalismo internacional   070.4

2025

EDITORA CONTEXTO
Diretor editorial: *Jaime Pinsky*

Rua Dr. José Elias, 520 – Alto da Lapa
05083-030 – São Paulo – SP
PABX: (11) 3832 5838
contato@editoracontexto.com.br
www.editoracontexto.com.br

Proibida a reprodução total ou parcial.
Os infratores serão processados na forma da lei.

SUMÁRIO

INTRODUÇÃO
Para início de conversa 7
   O que é uma notícia? 9
   Mortos de primeira classe 13
   Quem somos? 16
   Quem sou 17

CAPÍTULO I
Um pouco de história 19
   O jornalismo nasceu internacional 22
   E lá vem a censura 24
   Séculos XIX e XX 29
   Um pouco de Brasil 36
   Rádio e televisão 44

CAPÍTULO II
As novas caras do noticiário internacional 49
   O fim da Guerra Fria 51
   Um jornalismo mais caro 56
   A Internet e a morte do redator 57
   A celebridade 60
   Lewinsky e a não notícia 63

CAPÍTULO III
O fim das velhas paixões 69
   Adeus, monoglotas! 72
   Reportagem e computador 75

CAPÍTULO IV
Folha, uma cobertura em evolução 81
   1969 81
   1982 86
   2000 95
   2004 100

CRONOLOGIA 121

BIBLIOGRAFIA COMENTADA 125

INTRODUÇÃO

Para início de conversa

Pois, para início de conversa, convido vocês para um breve exercício de imaginação. Imaginemos uma redação com umas quarenta pessoas. Uma equipe razoável e de tamanho relativamente comum na divisão das múltiplas loucuras necessárias para a produção e o fechamento de um jornal brasileiro diário e de médio porte.

Imaginemos essa mesma redação nos momentos quase sempre tranquilos do comecinho da tarde. Na editoria de Política, o telefone já tocou duas vezes, uma para cumprimentar por determinada reportagem e outra para considerar essa mesma reportagem "uma tragédia em termos éticos" (quem telefonou foi alguém próximo de um dos prejudicados pela informação). Na editoria de Economia, há alguns *e-mails* malcriados de servidores públicos que acusam o jornal de estar ignorando seus supostos direitos adquiridos na cobertura do debate sobre determinada reforma da Constituição.

Em Esportes, o diretor de um clube de futebol pediu para que um assessor jurídico comunicasse ao repórter que o processaria caso insistisse na história "absolutamente sem fundamento" na qual o jornal vem investindo. Podemos supor que a reportagem tem o fundamento necessário e que o cartola enraivecido está brigando sem nenhuma razão. Vejamos a editoria de Cultura. Por ali o telefone também toca com frequência. A assessora de imprensa de um grupo teatral pergunta "se houve algum problema" com uma reportagem que deveria ter saído na edição daquele dia, o que não deixa de ser uma forma eufêmica de reclamar pela passagem em branco da estreia de uma produção. Espetáculo sem divulgação ou com divulgação insuficiente é, para os produtores, sintoma de futuro prejuízo.

Mas eis que numa única editoria o telefone permanece quase mudo e a caixa de *e-mails*, vazia. Ninguém escreve ou telefona para reclamar. Quando o telefone toca a motivação é sempre pessoal. Quem está do outro lado da linha é a mulher de um redator ou o amigo de infância do editor. Não há protestos provocados por textos publicados. É a editoria Internacional. Motivos para protestar ou elogiar provavelmente existem. Mas uma simples espiada nos assuntos destacados na edição daquele dia já explica a mudez do telefone. A Casa Branca provavelmente não tem muita noção da existência daquele jornal brasileiro e não reclamaria da colocação marota de um adjetivo que direcionou a interpretação de uma declaração do secretário de Estado dos Estados Unidos. Há ainda na mesma edição uma nova controvérsia entre Índia e Paquistão, há mortos em razão de chuvas intensas na Guatemala e um atentado "de rotina" contra a presença militar norte-americana no Iraque.

No noticiário internacional, os personagens e instituições que são notícia praticamente não reclamam por meio de telefonemas ou correio eletrônico. Mas essa relativa falta de cobrança não chega a caracterizar a inexistência potencial de problemas. Os dilemas profissionais e éticos existem. Só que eles se apresentam de uma outra maneira, que eu resumiria por meio de alguns pontos, aos quais voltarei demoradamente um pouco mais tarde.

Ponto número um: as reclamações sobre a inexatidão ou sobre o viés partidário com que uma notícia é apresentada não partem dos protagonistas, que seriam os grandes prejudicados por enganos involuntários ou distorções propositais dos jornalistas. Existem, é claro, consulados e embaixadas de governos estrangeiros, representantes no Brasil de organismos internacionais. Eles por vezes apontam imprecisões no noticiário. Existem ainda as comunidades de brasileiros descendentes de certos países ou regiões marcados por tensões e conflitos e que se sentem no mais legítimo direito de, em sendo o caso, se queixar. Mas são superegos tênues. O que pressupõe trabalhar com instrumentos internos de controle sobre a qualidade da informação publicada.

Ponto número dois: o redator de Política internacional é um jornalista que tem pouco acesso direto às fontes que estão na origem da informação publicada. Há a intermediação das agências, dos comentaristas estrangeiros de cujas colunas o jornal é assinante, dos serviços que fornecem fotografias e infográficos. O jornalista que toma como matéria-prima essa montanha quase infinita de informações é, nas redações, um especialista respeitado. Ele lida com uma diversidade imensa de assuntos, com uma complexidade incrível de conflitos. É normal que se exija dele uma qualificação diferenciada. Alguém que prioriza em sua rotina questões do Oriente Médio precisa acompanhar a política interna israelense, a correlação de forças entre os grupos palestinos, a influência política e militar da Síria no Líbano, a disputa por espaço político entre liberais e conservadores na República Islâmica do Irã, a contestação da legitimidade do poder da família real saudita.

Esse panorama amplo e complexo de informações, que os telegramas em geral omitem, só pode ser obtido por meio de leituras de ensaios publicados por estudiosos de universidades estrangeiras, e de entrevistas com esses especialistas. Há perto de 15 anos, esse contingente de fontes complementares estava quase inacessível ao comum e mortal redator. Hoje, a Internet permite que a um custo praticamente zero toda essa gente seja contatada, e que todo o conhecimento que elas produzem seja reunido pelo jornalista para a hierarquização da informação entregue ao leitor. Falaremos ainda bastante disso mais adiante.

Ponto número três: é possível que para ser um bom repórter de Política basta saber falar e redigir bem em português. Ou que o mesmo ocorra com um bom repórter de Economia. Mas o jornalista que atua na área de Política internacional precisa necessariamente conhecer perfeitamente o inglês e, de preferência, um terceiro idioma – para ter acesso a fontes a serem entrevistadas, a bibliotecas e hemerotecas disponíveis nos *web sites* que podem e devem ser diariamente acessados.

O QUE É UMA NOTÍCIA?

As editorias internacionais têm diariamente um mundo de notícias. No sentido próprio e também no sentido figurado. Vejamos o que aconteceu em determinado dia, por mim escolhido de forma aleatória, sem acontecimentos de alto impacto político ou emocional como o seriam um grande atentado terrorista ou um terremoto com número elevado de vítimas. Escolhi uma quinta-feira de janeiro de 2004.

Pois bem, nessa data os jornais brasileiros que investem muito em serviços telegráficos receberam mais de 1.400 textos de agências internacionais. Não foram 1.400 notícias diferentes. Há uma certa e compreensível redundância, com três ou quatro agências abordando o mesmo assunto, ou a mesma agência atualizando duas ou três vezes o mesmo telegrama, com o acréscimo de informações que atualizem seu enfoque.

Vejamos o que o leitor recebeu desse mundão quase infinito de letrinhas. No dia seguinte, uma sexta-feira, *O Globo* resumiu seu noticiário internacional em 13 títulos. O *Jornal do Brasil*, mais modestamente, o fez em cinco. O *Estado de S. Paulo* publicou 17, e a *Folha de S.Paulo*, 18. Digamos que muitas dessas notícias tenham sido redigidas com base em mais de um despacho de agência. É compreensível, por exemplo, que a Associated Press e a Reuters não tenham falado com as mesmas pessoas para consolidar suas reportagens sobre a campanha pelas primárias no Partido Democrata, nos Estados Unidos. É a seguir imaginável que os jornais brasileiros acima citados tenham mesclado informações que permitiram reunir debaixo do mesmo título assuntos com certa afinidade geográfica ou política (uma controvérsia parlamentar em Israel e uma disputa interna dentro da Autoridade Nacional Palestina, a ANP, podem ser eventualmente reunidas no mesmo texto). Por fim, nessa mesma sexta-feira, os quatro jornais em questão desprezaram as agências e utilizaram reportagens de correspondentes e comentários com assinaturas reputadas em suas respectivas áreas.

Mesmo assim, a guilhotina foi impiedosa. Na melhor das hipóteses, a cada setenta despachos de agência, apenas um foi aproveitado. E não foram despachos sobre economia ou artes e variedades, já que estes não são endereçados para os terminais de redatores de internacional. As agências iniciam a transmissão de cada texto por um código que direciona automaticamente o despacho a determinado diretório da rede interna das redações. E esse diretório será frequentado preferencialmente pelo jornalista da área. Despachos sobre economia vão parar na editoria de Economia, despachos de Política internacional na de Política internacional.

Nenhuma outra editoria de jornal põe no lixo uma quantidade tão incrível de informações. O que é também uma maneira de dizer que nenhuma outra editoria precisa utilizar critérios tão refinados e qualificados de seleção. Há alguns anos, muita gente discorreria com certa leviandade sobre a "censura" praticada pelo jornalista, por conta própria ou para agradar ao dono do jornal. Não é bem assim. Censura é um termo muito forte e, no caso, inapropriado. A seletividade implica hierarquizar para escolher, deletar ou jogar no cesto de lixo eletrônico coisas que sejam circunstancialmente menos importantes.

Ninguém estará "censurando" caso deixe de publicar uma declaração do presidente do Egito sobre a importância cultural do islamismo entre os árabes (algo que é meio óbvio). Não haveria tampouco censura se eu deixasse de lado um telegrama com a entrevista que o embaixador da Colômbia na Venezuela deu a determinada agência de notícias, na qual abordou problemas bilaterais que pouco interessam ao Brasil. Seria também o caso de um discurso do ditador Fidel Castro, caso ele aborde pela 347ª vez determinado tema que faz parte da agenda oficial cubana.

Até declarações de um personagem em geral importante, como o presidente dos Estados Unidos, podem ir tranquilamente para o lixo e não ser aproveitadas em determinada edição. Digamos que não estaremos "censurando" se ele, o presidente, engajado como candidato em uma campanha eleitoral interna, criticar seus adversários em torno de questões como reembolso de despesas médicas ou programas para populações norte-americanas de mais baixa renda. Pode ser (e, cautelosamente, eu faço a ressalva novamente) que o problema tenha uma pertinência muito pequena na escala de interesses mundiais, uma escala de interesses que a editoria de Política deve construir para em seguida selecionar os principais assuntos do dia.

De qualquer modo, isso nos leva a perguntar a nós mesmos o que vem a ser uma notícia. Uma resposta jocosa e quase anedótica foi dada há muitos e muitos anos por um finado magnata norte-americano da mídia, William Randolph Hearst. Ele disse que notícia "é aquilo que alguém quer que você pare de publicar". Não existe nenhuma teoria que possa definir o que venha a ser notícia, uma teoria que forneça uma resposta consensual, aceita pela comunidade mundial de jornalistas. E isso pela simples razão de que jornalismo não é uma ciência baseada em pressupostos e princípios que se articulem em um rígido corpo de doutrina.

Repito: jornalismo não é ciência, e por isso não existem critérios científicos para a definição do que venha a ser uma notícia que precisa ser publicada ou o que venha a ser uma notícia que não fará falta no noticiário em caso de não publicação. Se tomarmos trezentos jornais mundiais com padrão de qualidade comparável, teremos assuntos internacionais que serão abordados por quase todos e outros assuntos que serão valorizados somente por um ou outro.

Existem algumas definições perfeitamente idiotas do que venha a ser notícia. Uma delas, presente em três a cada três manuais norte-americanos de jornalismo do século passado, levava a sério e tomava ao pé da letra duas frases espirituosas que seu autor, Charles Anderson Dana (1819-1897), do *New York Sun*, certamente pronunciou de brincadeira. Muitos de vocês talvez se lembrem: se o cachorro mordeu o homem, não é notícia, mas se o homem mordeu o cachorro, aí então a notícia existe. Ora, um homem que morda um cachorro pode estar passando fome ou estar sujeito a distúrbios psiquiátricos que nada têm de jornalísticos. E essa história de morder cachorro é de uma inutilidade comovente quando se trata, por exemplo, de ler um relatório da AIEA (Agência Internacional de Energia Atômica, que pertence às Nações Unidas) e decifrar nas entrelinhas da linguagem diplomática se, afinal, a Coreia do Norte é ou não suspeita de enriquecer urânio com finalidades militares.

Há ainda algo de que todos nós desconfiamos, sejamos ou não jornalistas, mas que raramente confirmamos por meio de um levantamento sistemático. A saber: nem tudo o que é notícia aparece no noticiário internacional. O noticiário não constrói um retrato do mundo com determinado grau de exatidão. Muita coisa que será vista no futuro como de capital importância histórica é diariamente deixada de lado. E, ao mesmo tempo, certos temas sem importância histórica nenhuma acabam virando notícia porque interpelam a mitologia de nosso mundo cotidiano. Um dos exemplos dessa mitologia consistia, há alguns anos, em atribuir importância à agenda mundana da princesa Diana, ex-mulher do príncipe herdeiro do trono britânico.

Prometo voltar a esses pontos. Mas, por enquanto, lembraria que uma ONG (organização não governamental) de origem francesa chamada Médicos Sem Fronteira divulgou, no começo de 2004, pelo sexto ano consecutivo, uma relação de dez grandes tragédias humanitárias que a mídia norte-americana cobriu muito mal ou praticamente ignorou. Havia os refugiados na fronteira entre o Chade e o Sudão, os conflitos na Tchetchênia, na Colômbia e no Burundi, a guerra civil no Congo e na Costa do Marfim.

A MSF citou também o levantamento de Andrew Tyndall sobre os grandes programas de informação da TV norte-americana. Dos 14.635 minutos de noticiário monitorados em 2003, só 30,2 minutos – ou 0,2% daquilo que foi levado ao ar – foram dedicados às tragédias humanitárias que a MSF colocou em destaque por suas dimensões, pelo número de pessoas atingidas. Eu desconheço estudo semelhante sobre o noticiário internacional no Brasil. Mas, com certeza, o desconhecimento voluntário ou involuntário dessas tragédias humanitárias também ocorre aqui em larga escala.

MORTOS DE PRIMEIRA CLASSE

Sem que eu queira esboçar um manual rastaquera de critérios jornalísticos, diria apenas que há um mínimo denominador comum nos critérios que levam a valorizar um número muitíssimo reduzido de temas. Guerras são, em princípio, importantes, embora algumas tenham visibilidade maior que as outras (a intervenção dos Estados Unidos no Iraque é mais visível que a Guerra Civil na República Democrática do Congo, ex-Zaire, por exemplo). Eleições em países vizinhos ao Brasil ou influentes em termos mundiais são importantes também, como Estados Unidos, Argentina, Alemanha, Bolívia, Reino Unido, Venezuela, França ou Rússia. Epidemias, com seus efeitos humanos, demográficos e econômicos estão sempre na pauta. Há ainda essa imprevisibilidade que comove e que são as inesperadas tragédias.

Sugiro que nos detenhamos por alguns momentos nas tragédias. Caiu um avião de passageiros fora do Brasil. É notícia para a editoria Internacional. Sempre me perguntei que razão levava um passageiro ou tripulante que morreu em um avião acidentado a se tornar mais importante que um outro passageiro ou tripulante, segundo os critérios esquisitos do jornalismo, já que entram em jogo fatores que vão do *glamour* do avião que se espatifou ao local em que ocorreu o acidente e ainda à nacionalidade das vítimas.

Aqui vai o resultado de um pequeno exercício que fiz. Ele toma por base o ano de 2000, quando caíram nove aviões civis de grande porte. Comparei o número de mortos com o número de palavras utilizadas por três grandes jornais brasileiros (*Folha, O Globo* e o *Estadão*) para noticiar a ocorrência da tragédia e em suas possíveis suítes. Suponhamos que para os jornais o acidente mais importante será aquele em que morreu mais gente. Em princípio – e botem princípio nisso – o noticiário deveria dedicar uma quantidade maior de palavras a um acidente em que morreram muitas pessoas e uma quantidade menor de palavras a um acidente em que morreram poucas. Não é, porém, o que acontece.

O acidente mais "fraco" para os três jornais brasileiros em questão aconteceu em Luanda, capital de Angola. O avião, coitado, era um velho Antonov de fabricação russa. Morreram 39 pessoas. Eram todas angolanas, exceto os quatro tripulantes, de nacionalidade ucraniana. Era um voo doméstico. A *Folha* noticiou o episódio com 225 palavras – ou 5,7 palavras por morto. *O Globo* o fez com 288 palavras – ou 7,4 palavras por morto. Quanto a *O Estado de S. Paulo*, foram 444 palavras – ou 11,4 palavras, também para cada passageiro ou tripulante que morreu.

No extremo oposto de nosso exercício comparativo, eis que nos deparamos com a notícia da primeira e única queda de um Concorde na longa história comercial, já encerrada, do supersônico de fabricação franco-britânica. O avião, da Air France, caiu em Gonesse, nas imediações de Paris, e transportava turistas alemães. Morreram 113 passageiros e tripulantes. O acidente foi noticiado durante oito edições consecutivas pelos grandes jornais do mundo inteiro. Com relação aos três jornais brasileiros, a *Folha*, para cada morto, publicou 39 palavras. No *Globo*, foram 27 palavras, e no *Estadão*, 25.

Trocando em miúdos, se fosse para levar em conta apenas a proporção de espaço de noticiário para cada passageiro ou tripulante que morreu nesses dois acidentes, a *Folha* deu para um morto do Concorde quase sete vezes mais espaço do que para cada morto do Antonov. *O Globo* deu 3,6 vezes mais, e o *Estadão*, 2,2 vezes. Haveria uma explicação um tanto cínica para essa diferença, comum aos três jornais aqui comparados e com certeza também presente em centenas de outros jornais de todo o mundo. Essa explicação nos levaria a afirmar mais ou menos o seguinte: queda de avião pobre em país pobre é menos notícia que a queda de avião rico em país rico. O que é infelizmente verdade. Mas não é toda a verdade e não explica toda a "discriminação" presente no noticiário.

Há também a acessibilidade geográfica ao fato jornalístico. Na França, bastou deslocar equipes de fotógrafos e repórteres das agências baseados em Paris para que em meia hora eles se encontrassem no local em que o Concorde caiu. Em Luanda, não há sucursais das grandes agências internacionais. Elas têm no máximo *stringers* (jornalistas que só escrevem quando acionados pela sede) ou correspondentes. E estes, na impossibilidade de aproximar-se do local do acidente do Antonov, limitaram-se a reproduzir informações e declarações do governo angolano.

O critério da acessibilidade do fato jornalístico pode ser conferido por um terceiro acidente aéreo de 2000. Foi o do Boeing 747, da Singapore Airlines, que caiu perto de Taiwan, essa ilha chinesa em que há uma borbulhante atividade jornalística de razoável qualidade. Morreram no acidente 81 pessoas. A *Folha* deu 2.073 palavras, *O Globo*, 818, e o *Estadão*, 1.205. Em termos de palavras publicadas por morto, a *Folha* registra 25, *O Globo*, 10, e *O Estado de S. Paulo*, 14. A cobertura do acidente também foi enriquecida por fotografias enviadas pelas agências Reuters e pela AFP (Agence France Presse).

A acessibilidade da tragédia a ser noticiada está também na raiz de algo curioso. Dou um exemplo verdadeiro e quase caricatural. A República Popular da China registra intensa atividade sísmica, mas a mídia é relativamente discreta sobre vítimas de terremoto no país. Em 28 de julho de 1976, um dos mais mortíferos terremotos da história chinesa vitimou a cidade de Tangshan. Morreram 250 mil pessoas. Isso mesmo: 250 mil pessoas! São três Maracanãs cheios de cadáveres. A verdadeira dimensão da tragédia foi conhecida aos poucos, com o passar das semanas e dos meses. Não que, na China, a região atingida fosse de difícil acesso para as equipes encarregadas da cobertura. Tangshan, aliás, fica a apenas pouco mais de 110 quilômetros de Pequim. O que acontece, no entanto, é que o governo chinês não permitia na época, e ainda hoje só o permite com severas limitações, que jornalistas estrangeiros circulassem livremente por seu imenso território. É uma forma muito comum e vulgar de censura, que também leva a informação a tornar-se menos acessível.

A acessibilidade, portanto, não é um fator apenas geográfico. É também um fator político. A ONG Repórteres Sem Fronteira listava no início de 2004 uma relação de 35 países em que a liberdade de informação sofria limitações pesadas. O mapa da liberdade de imprensa assim obtido corresponde, de certo modo, ao mapa dos lugares em que é bem mais problemática a obtenção de uma informação para consumo externo.

Além de perigosos liberticidas, os tiranos são também seres ridículos. Lembrem que o ditador do Zimbábue, Robert Mugabe, achou que favoreceria a imagem internacional de seu regime se fechasse suas fronteiras às equipes da BBC. Expulsou os que lá se encontravam e não deixou que outros entrassem. Nem por isso Mugabe tornou-se menos desastrado em sua política de expulsão de agricultores brancos e na consequente desorganização do abastecimento de alimentos. O Zimbábue, país com água abundante e terras férteis, conheceu nesse estágio da ditadura a amargura da fome.

QUEM SOMOS?

Por fim, um lembrete. Não creio que alguém possa saber com alguma precisão quantos jornalistas brasileiros trabalham com política internacional. Não temos nem sequer pistas seguras. Dados do governo federal indicam que, em 2002, eram impressos no Brasil 523 jornais diários, com uma tiragem de sete milhões de exemplares. E também eram editadas 257 revistas, de periodicidade variável e tiragem de 16,2 milhões de exemplares anuais. Não há dados sobre quantas dessas publicações têm seções fixas de Política internacional. Consultei a ANJ (Associação Nacional de Jornais). Ela não tem levantamentos sobre o conteúdo informativo dos jornais de 132 empresas a ela associadas. Os dados relativos a emissoras de rádio e TV são também bastante vagos. O mesmo vale para a Internet.

As agências de notícias não revelam quantos são os seus clientes. Mesmo que o fizessem, no entanto, haveria uma quantidade incomensurável de pequenos órgãos que, legal ou espertamente, abastecem-se de informações estrangeiras nos *web sites* de acesso geral. Tudo isso para dizer que não temos uma quantificação precisa sobre nossos colegas de jornalismo que trabalham em nosso ramo. O que, no fundo, não me impede de pensar neles no momento da elaboração deste livro. Possivelmente, todos eles teriam lições para nos dar. A mim e também a vocês.

QUEM SOU

E agora, para finalizar rapidamente esta introdução, uma explicação. Se dou tantos palpites com relação ao jornalismo internacional é porque ele esteve presente em boa parte de minha carreira de redação. Eu tinha 21 anos quando, numa tarde de julho de 1969, fui convidado a fazer um teste na *Folha de S.Paulo*. Acontecia naquele dia algo de jornalisticamente – e historicamente – muito, muito importante. O homem pisava pela primeira vez na Lua. Foi com certeza a notícia da pauta internacional de maior importância na década de 1960. Nos meses seguintes, fui redator de Mundo na *Folha*. A editoria Mundo, à época, ainda se chamava Exterior. Cada redação utiliza uma palavra para designar essas equipes. Fala-se também em Inter, forma mais cômoda e curta de Internacional.

Em pouco menos de cinco anos, eu me tornaria correspondente da *Folha* em Paris. Ocupei essa função por quase oito anos. E, de volta ao Brasil, fui por dois anos editor de Exterior, ou Mundo, ou Inter. Desde então, sou repórter da Secretaria de Redação, que vem a ser um tipo de repórter mais velho e mais experiente a quem o jornal confia tarefas mais trabalhosas ou delicadas. Boa parte de minhas pautas foi cumprida em viagens para cobrir tragédias ou eleições. Outro dia, fiz as contas: já estive em 37 países. Mas também sou frequentemente encarregado de, sentado diante de meu computador, fechar o texto sobre determinado assunto cuja matéria-prima é fornecida pelas agências internacionais.

Não me considero um especialista. Especialização é algo próprio à área acadêmica. Sou um curioso, um profissional apaixonadamente engajado nos temas mundiais. É o que, a meu ver, me qualifica para opinar. E para convidar vocês a pensar junto comigo e, sobretudo, para compartilhar com vocês as muitas dúvidas que ainda funcionam como combustível para esse meu antigo campo de interesse.

CAPÍTULO I

Um pouco de história

Nós, jornalistas, temos a reputação, quase sempre justificada, de sermos um pouco arrogantes. Acreditamos ter em mãos intuições e instrumentos que nos permitem saber bem mais que os outros humanos, sobretudo quando está em jogo nossa própria atividade profissional. Raramente prestamos atenção em nossos "primos" de hábitos investigativos que são os historiadores. É por essa razão que incorremos com frequência em algumas suposições equivocadas.

Um desses equívocos consiste em acreditar que o jornalismo internacional surgiu no século XIX. A hipótese até faz sentido. Foi quando em Londres os periódicos impressos ampliavam sua área geográfica de interesse e de cobertura em razão da expansão do império colonial britânico. Na mesma época, continuamos a acreditar, o noticiário internacional tomou corpo rapidamente nos Estados Unidos, onde imigrantes enriquecidos tinham uma visão mais metropolitana do mundo e criavam uma demanda específica por informações, sobretudo as que tinham origem na Europa. Tudo isso tem um fundo de verdade. Mas não é propriamente a verdade histórica.

O segundo equívoco é acreditar que a notícia só virou "mercadoria", passível de ser produzida para circular no mercado da informação, com a consolidação do capitalismo na Europa e na América do Norte – o que nos faria, com alguma boa vontade, recuar o surgimento do jornalismo internacional para o final do século XVIII.

Nossos "primos" historiadores são um pouco mais refinados. Embora raramente se interessem exclusivamente pelo jornalismo, eles nos dão pistas preciosas para que entremos no túnel do tempo e encontremos nossas raízes a uma profundidade cronológica bem maior. Visto que, vejam vocês, essas raízes estão bem mais longe do que imaginamos. Elas estão no Renascimento. Apertem os cintos e me acompanhem nessa curta viagem. Vamos viajar inicialmente em companhia de uma historiadora francesa que não está mais muito na moda. Ela nos deixou imensa bibliografia. Chamava-se Régine Pernoud e publicou, em 1960, em dois volumes, uma admirável compilação intitulada *Histoire de la bourgeoisie en France* (História da burguesia na França). No primeiro volume, ela nos entrega um relato sumário sobre um personagem fundamental para o assunto que nos interessa. O cidadão em questão atendia pelo nome de Jacob Függer von der Lilie. Ou, simplesmente, Jacob Függer.

Függer foi o mais importante banqueiro europeu nas primeiras décadas do século XVI, período que para nós traz a evocação de caravelas portuguesas aportando no Brasil. Morava em Augsburgo, na atual Alemanha, mas desde 1508 boa parte de seus negócios era fechada em Antuérpia, na atual Bélgica. Sua visão como empreendedor consistiu em prever que as finanças europeias passariam a depender cada vez mais de fontes de metal. A casa Függer controlava as jazidas de cobre da Hungria e possuía reservas de 4,7 milhões de florins, o equivalente a 13 toneladas de ouro. O Banco Peruzzi, seu maior concorrente da época, em Florença, possuía reservas 88 vezes menores, ou equivalentes a "apenas" 147 quilos de ouro.

Com tamanha fortuna, e o relato é feito por Régine Pernoud e por muitos outros historiadores, Függer foi quem financiou (com 544 mil dos 852 mil florins necessários) a campanha de Carlos V junto aos grandes eleitores para tornar-se o imperador do que ainda se chamava na época de Império Cristão do Ocidente. Sua autoridade se estendia, em território, da Espanha a parte da Alemanha, Áustria e ainda Países Baixos. Carlos V foi bem mais importante que seu principal rival da época, o rei francês Francisco I.

Poderíamos nos perguntar a razão pela qual Jacob Függer, embora um nome familiar na história econômica da Europa, seja tão pouco citado pelos manuais didáticos sobre os agitados tempos do Renascimento. Pode ser que um banqueiro fosse um indivíduo *low-profile*, para estar de bem com todo mundo e não criar atritos que prejudicassem seus negócios. Talvez por isso o velho Jacob morreu em 1526 sem que o tratassem uma única vez da maneira que são hoje tratadas as celebridades. As celebridades do início do século XVI eram os reis, os artistas plásticos e os músicos, os papas e mais religiosos dissidentes de uma Igreja que se cindia por conta da Reforma. Guardadas as devidas proporções, Függer foi alguém sem o perfil de notoriedade que hoje em dia, passados quase cinco séculos, o levaria a frequentar a ilha de *Caras* ou a receber o título de homem do ano da revista *Time*. Sua única concessão ao gênero foi ser retratado por Albrecht Dürer, o grande pintor alemão do século XVI.

Mas por que é que estou discorrendo tanto sobre esse cidadão? Muito simples. Ele é citado em compêndios de história do jornalismo e até pela *Enciclopédia Britânica* como o criador da *newsletter*. Seus agentes comprometiam-se a enviar com regularidade a Augsburgo informações que tivessem alguma utilidade para os negócios. Como, por exemplo, a cotação de determinadas mercadorias nas feiras nas quais compravam, vendiam e sobretudo negociavam letras de câmbio. Os agentes também relatavam conflitos regionais e a forma com que esses conflitos, baseados naquela época em questões teológicas, afetavam de maneira bem mais secular o risco de tráfego pelas estradas, as cotações dos pedágios nas alfândegas senhoriais ou o preço das apólices de seguro. Informavam sobre acordos e rupturas dentro da Igreja, sobre coalizões entre nobres menos importantes e seus efeitos no comércio. Essas notícias e análises eram consolidadas e redistribuídas dentro da própria rede de agentes da casa bancária. Digamos, para simplificar, que ali estava de forma inequívoca o embrião do jornalismo econômico e político, voltado para assuntos internacionais.

Eu chamaria novamente a atenção para o fato de estarmos falando das primeiras décadas do século XVI. Uma época dotada de uma infraestrutura de comunicações muitas vezes irregular e bastante tênue, e que só a partir do século XVIII se consolidaria em toda a Europa com esse milagre da modernidade que é a combinação de uma demanda feita por quem faz negócios, boas estradas e ainda uma quantidade suficiente de cavalos. Essa invenção se chama correio. Correios já existiam desde priscas eras e, ao menos na França, já eram uma estrutura estatal desde 1477, com 230 cavalos e carteiros. Mas os correios só se "industrializaram", se é que a palavra é apropriada, no século XVIII. E, já que estamos no assunto, vale a pena estabelecer de imediato uma correlação entre correio e jornais. Londres já tinha em 1680 um serviço postal que permitia a entrega de envelopes e publicações no mesmo dia em que eram postados. Imaginem o que isso representou em termos de possibilidade de distribuição de jornais e revistas aos que tinham assinaturas. Até hoje, em muitos países, é o carteiro quem entrega o jornal no domicílio ou no lugar de trabalho do assinante.

Esse comecinho do século XVI foi bastante agitado. Havia uma quantidade muito variada de pautas e de notícias. Falava-se da ameaça dos otomanos sobre a Hungria e a Boêmia, falava-se apaixonadamente da Igreja que defendia seu território contra o avanço de Lutero e Calvino. A imprensa de tipos móveis de madeira já estava completando meio século. Podiam-se dispensar os copistas, esses artesãos das letras manuscritas que já no ano 59 antes de Cristo reproduziam as *Acta Diurna* e as *Acta Senatus* do Império Romano, a primeira forma ainda rudimentar de jornalismo praticado no Ocidente.

Assim, e voltamos ao Renascimento, Függer e seu embrião de *newsletters* impressas permitiam a manutenção de uma rede que fazia as informações circularem por circuitos paralelos aos utilizados por duas redes previamente existentes, a rede diplomática, que orientava monarcas, e a rede eclesiástica, que orientava dirigentes da burocracia da Igreja.

O JORNALISMO NASCEU INTERNACIONAL

Assim, e é uma das conclusões provisórias a que podemos chegar, o jornalismo impresso – e o jornalismo internacional, que nos primórdios do jornalismo era o único tipo de jornalismo conhecido – não nasceu com o capitalismo. O mercantilismo já precisava dele e foi por isso que o criou. Ocorreu, na época mercantil, o florescimento rápido dessas folhas de notícias impressas que eram vendidas a quem quisesse comprar e não mais circulavam dentro de um mesmo conglomerado comercial e financeiro, como acontecia com a casa Függer ou outras que eventualmente tenham seguido seu exemplo. Essas folhas deixaram de ser presenteadas ou vendidas apenas a parceiros ou clientes preferenciais. A boa informação impressa passou a ser comprada por um grupo indistinto de pessoas que bem mais tarde seriam chamadas de agentes econômicos.

Em 1605, Abraham Verhoeven, de Antuérpia, passou a publicar a *Nieuwe Tijudinger*. Em 1609, foi impresso o primeiro número da *Relation*, redigido por Johann Carolus, em Estrasburgo. No mesmo ano surgiu a *Avisa Relation oder Zeitung* (aparece aqui a palavra "Zeitung", até hoje "jornal", em alemão), de Heirich Julius. As atuais Holanda e Bélgica foram fundamentais para a expansão do mercantilismo em razão de sua situação geográfica, de suas empresas, de seus bancos e da tolerância religiosa (não discriminavam os judeus que a Espanha e Portugal tiveram a ideia desastrosa de expulsar). Pois foi na Holanda que nasceram os "corantos", palavra que abrevia o que chamaríamos de notícias atuais, notícias correntes. Em 1618, a *Courante Uyt Italien, Duytsland & C.*, que vale a pena mencionar só pelo charme do anacronismo da grafia, era publicada duas vezes por semana.

Poderíamos quase falar de uma "epidemia" de publicações parecidas que floresceu sobre a Europa na primeira metade do século XVII. Entre 1610 e 1645, esses jornais baseados em informações econômicas e políticas de terras estrangeiras já circulavam na Suíça, Áustria, Hungria, Inglaterra e França (primeiramente com a tradução dos corantos holandeses). Nesse ponto, nossos "primos" historiadores nos dariam três lições. A primeira delas, sobre a qual já discorri um pouco, é para muitos de nós surpreendente ou no mínimo curiosa. Poderíamos supor que o jornalismo surgiu como atividade que fizesse circular informações de interesse local ou paroquial, já que o campo de interesse do comum dos mortais, em comunidades compartimentadas, sofria os efeitos de uma infraestrutura precária de comunicações. Pois suporíamos errado. O jornalismo nasceu, isto sim, sob a forma de jornalismo internacional, com o formato de coleta e difusão de notícias produzidas em terras distantes.

A segunda lição é que, desde muito cedo, a informação foi comercializada como instrumento para produzir eficiência e poder por meio de negócios. Sem informações de qualidade, o capitalista do Renascimento e o empresário do mercantilismo, se é que podemos chamá-los assim, não saberiam avaliar o prejuízo que sofreriam ou o lucro que obteriam se naufragasse o carregamento de um barco que deixasse Istambul a caminho de Veneza. Esses empresários tampouco poderiam fazer um cálculo sobre os riscos envolvidos em determinada importação e o quanto lhes custaria uma apólice de seguros. Os corantos permitiram que tais informações estivessem disponíveis e formassem um acervo ao qual é previsível que todos os homens de negócios procurassem ter acesso, sob pena de se tornarem menos competitivos e serem espirrados para fora do mercado.

A terceira lição, por fim, está no fato de a informação estar assegurada pela periodicidade regular de sua entrega ao cliente, ao leitor. O cliente e leitor tinham a garantia de que tomaria decisões com base em dados políticos e econômicos mais recentes, para com isso diminuir o fator risco. A periodicidade é um atributo fundamental para diferenciar o jornalismo internacional já presente nos corantos dos relatos impressos sem compromisso com a periodicidade que circularam, por exemplo, em Veneza, com notícias da guerra com os otomanos que fumegava em 1563. Ou então, meio século antes, de panfleto de Richard Fawkes, que na Inglaterra relatava feitos heroicos na área militar.

E LÁ VEM A CENSURA

Começou a ser publicado em Paris, em 1631, um jornal com um título curioso. Chamava-se *Nouvelles Ordinaires de Divers Endroits* (Notícias Comuns de Vários Lugares). Seus editores eram dois livreiros, Louis Vendosme e Jean Martin. A publicação foi interrompida já nos primeiros números por determinação governamental. Em lugar da *Nouvelles Ordinaires*, passou a ser editado um jornal bem mais condescendente com o poder temporal, chamado *La Gazette*, cujo responsável, Théophraste Renaudot, era uma espécie de testa de ferro do poderoso cardeal Richelieu. Ou seja, a imprensa com relativa independência do governo teve uma vida muito curta no começo do século XVII.

A censura passou a ser conhecida na atual Alemanha durante a Guerra dos Trinta Anos (1618-1648). Foi também para impedir que as notícias desse longo conflito chegassem em detalhes ao conhecimento do público inglês que o *Star Chamber Decree*, em vigor de 1632 a 1638, inviabilizava parte da imprensa britânica e de certo modo dava a ela novos rumos. Ela havia surgido como jornalismo dedicado exclusivamente ao noticiário internacional – tratava-se, na verdade, de traduções regulares dos corantos publicados na Holanda, como o editado por Nathaniel Butter e do qual se conservou um exemplar, o de 24 de setembro de 1621. Ainda na Inglaterra, na segunda metade do século XVII, a restauração do poder do Parlamento impôs regras severas que permitiam apenas a circulação de dois jornais oficiais. O *Stamp Act*, de 1712, estipulou uma taxa sobre cada exemplar vendido, o que na prática inviabilizava economicamente a imprensa. Um jornal chamado *Spectator* foi uma das vítimas, com seus três mil exemplares diários.

Poucos enfatizam que, percebida como natural ou como opressiva, a censura também foi pela primeira vez contestada no plano oficial ainda no século XVIII. A Suécia, essa caixa de surpresas inovadoras em termos de democracia e justiça social, promulgou em 1766 a primeira lei de que se tem conhecimento sobre a liberdade de expressão. Atenção, americanófilos empedernidos: não foi nos Estados Unidos que a liberdade de expressão na mídia se tornou pela primeira vez uma garantia legal, por mais que os norte-americanos tenham experimentado muito cedo a censura (isso ocorreu em 1690, quando Benjamin Harris passou a publicar mensalmente o *Publick Occurrences, Both Foreign and Domestick* – atentem para a ortografia – e foi imediatamente censurado pelo governador britânico de Massachusetts).

Mas vamos pensar, juntos, em algo a meu ver importante.

Temos todos uma visão da censura baseada em critérios políticos e éticos que nos são contemporâneos. É uma visão mais que correta, uma raiz constante de nossa indignação. Estamos habituados aos padrões de pensamento da democracia liberal. Acreditamos, com razão, que o direito à informação é um direito universal. Dele depende o exercício da cidadania, há nele uma das bases para a legitimidade das decisões dos governos e para a aceitação consensual das normas impessoais que teoricamente têm como origem o Estado. É portanto compreensível nosso susto ao notar que a censura não é algo tão recente assim. Que ela se encontra nas raízes históricas do jornalismo e, de um modo mais específico, do noticiário internacional.

Continuemos a pensar juntos. Mesmo pessoas medianamente informadas têm referências históricas relativamente recentes. Puxamos por nossas memórias e construímos para nós mesmos uma ideia de passado que não é lá tão distante assim no tempo. Censura, em geral, é para nós algo que o governo alemão praticou a partir de 1933, com o Terceiro Reich, é algo que o governo italiano praticou com o fascismo, a partir de 1922, é algo que os brasileiros conheceram com extrema amargura durante o Estado Novo (1937-1945) ou durante a ditadura militar (1964-1985). Mas a censura, como vimos, é bem anterior. E, se ela se institucionalizou por gerações seguidas como algo espantosamente "aceitável", é porque prevalecia algo que dificilmente conseguiríamos hoje entender: uma espécie de acordo implícito entre governos e elites para que as decisões das cortes absolutistas e o princípio da legitimidade do Estado não sofressem nenhuma forma de contestação interna ou externa.

Voltemos nossos binóculos para o finzinho do século XVIII. A Revolução Francesa mexeu com a escala de valores sociais e com as certezas que recheavam as cabeças dos europeus. Foi uma reviravolta muito violenta em estruturas sociais baseadas na ordem pública e em privilégios, uma ordem que por séculos fora vista como uma ordem mais que natural das coisas. Não que essa mexida fosse de todo inédita. Ocorrera, sob um formato bem mais modesto no século anterior, com o movimento republicano inglês, depois do qual o monarca só fixaria impostos com o acordo do Parlamento. E havia também o precedente mais recente da Revolução Americana. Mas esta não surgiu do confronto entre classes sociais nas colônias britânicas da América e estava também muito, muito distante, em terras que provavelmente o imaginário popular europeu definia com uma mistura de atração e temor que é própria às utopias.

A Revolução Francesa teve como particularidade o fato de ter aparecido quando na Europa a percepção do fato político e social passou por uma formidável ampliação. Refiro-me à abrupta fertilidade no terreno em que germina a circulação de narrativas e a troca de ideias. Era o "espaço público", um conceito que foi definido há bem poucos anos pelo filósofo alemão Jürgen Habermas (leiam, por exemplo, *Mudança estrutural da esfera pública*, Tempo Brasileiro, 2003). Espaço público – e incorro aqui em uma proposital simplificação – é uma esfera ampliada de assuntos antes desinteressantes e que passam a interessar. As pessoas se sentem interpeladas por algo que não ocorreu na sua vizinhança imediata ou em seu círculo de relações familiares ou pessoais. O imaginário coletivo transpõe os limites da paróquia, que era na época a circunscrição estreita em que circulavam as pertinências de episódios a serem comentados.

Eram, por exemplo, crimes hediondos que apaixonavam esse embrião de opinião pública e que levavam as pessoas a tomarem partido, a se posicionarem. Esses crimes geraram na França, por volta de 1770, um gênero de *best-seller* até então desconhecido, as petições de advogados que procuravam comover o público com informações favoráveis a seus clientes e desfavoráveis aos adversários deles. Leiam a respeito, se tiverem um dia oportunidade, *Private Lives and Public Affairs* (University of California Press, 1993), da norte-americana Sarah Maza, que integra um grupo absolutamente criativo de historiografia francesa nos Estados Unidos.

Tudo isso é de capital importância para o jornalismo internacional porque, repentinamente, ampliou aquilo que eu chamaria, como derivação do espaço público e na falta de uma expressão melhor, de *espaço de pauta*. Fatos policiais ocorridos em outras regiões do próprio país ou em países vizinhos (a ideia que temos hoje de fronteira era fluida no final do século XVIII) poderiam comover o público local. Não estamos mais apenas na esfera do noticiário internacional de caráter utilitário, que a comunidade *business* consumia por meio dos corantos. Estamos no espaço verbal da política ou da fofoca, num espaço de pauta sem muitas fronteiras geográficas.

Foi então nesse mercado de informações internacionalizado que a Revolução Francesa passou a interessar os cidadãos da Inglaterra, da Holanda, da Itália, da Alemanha, da Áustria. Ela se tornou no espaço público aquilo que hoje chamaríamos de assunto da moda. Mas uma moda problemática, na medida em que trazia dentro dela uma concepção igualitária do social. E também algumas barbaridades, como o uso indiscriminado da guilhotina – 1.306 execuções, só em Paris, entre 1792 e 1794 – contra verdadeiros ou supostos traidores da nova ordem. A Revolução ameaçava uma ordem instituída também fora da França. É previsível que os proprietários desses privilégios fizessem de tudo para evitar que essas novas ideias, que são basicamente as da democracia moderna, adquirissem a dimensão de exemplares. Compreensível, também, que a censura aos jornais tenha funcionado na Prússia e na Áustria, nos Estados Papais e na Espanha. No Reino Unido praticou-se com competente ardor a arte da rolha e da tesoura no noticiário internacional.

Em um segundo momento da Revolução Francesa, ideias subversivas como a definição da igualdade como um direito "natural" tornaram-se, digamos, um "produto de exportação". O Iluminismo e os enciclopedistas já haviam abundantemente falado nisso, mas sem o necessário espaço público como suporte. Foram um produto de exportação não por meio apenas de jornais e livros. Mas por meio dos avanços militares de Napoleão Bonaparte.

Bonaparte não foi um general francês que invadiu países estrangeiros. A percepção que as pessoas tinham dele na época não era bem essa. Ele foi o agente exportador de princípios como, por exemplo, o fato de que a organização da sociedade não deveria basear-se em direitos de nascimento, com o consequente monopólio da nobreza quando estavam em jogo cargos públicos de primeiro e segundo escalão – mas a possibilidade de alguém comprar um posto de alfândega ou uma cadeira no Judiciário, o recrutamento para o alto clero e para a oficialidade do Exército e da Marinha. Uma das coisas que se repetia com frequência naquela época era que o filho de um ferreiro poderia tornar-se general. Além disso, acabou a isenção de impostos para determinados segmentos privilegiados da sociedade.

Vejamos agora, por alguns segundos, o significado das guerras napoleônicas para quem não era francês. Se hoje um determinado país estrangeiro invadir nosso território, nós nos sentiremos inequivocamente aviltados em nosso nacionalismo. O Estado-nação é, em nosso imaginário, algo inviolável, mais ou menos como o seria a "honra" de uma donzela, se é que me permitem o anacronismo proposital. Pois bem: no finzinho do século XVIII, e no começo do século XIX, inexistia na cabeça das pessoas algo assemelhado ao nacionalismo tal qual ele hoje funciona, com seus múltiplos discursos que atribuem identidade a determinado povo e segregam as comunidades internas e externas que não fazem parte dele.

Essa é uma questão definitivamente resolvida dentro da História por Eric Hobsbawm (*Nações e nacionalismo desde 1780*, Paz e Terra, 1998). Assim, se o poeta e romancista Johann Wolfgang Goethe ou o compositor Ludwig van Beethoven deram boas-vindas à chegada em terras alemãs da revolução que Napoleão transportava, eles não seriam de modo algum considerados como traidores da causa prussiana ou algo que o valha. As nações europeias existiam e tinham consciência disso. Sem, no entanto, associar sentimento nacional à inviolabilidade do "corpo da pátria".

É então compreensível que a derrocada do bonapartismo em Waterloo tenha gerado na Europa uma reação politicamente violenta, simbolizada pelo Congresso de Viena (1814-1815), e que consistiu basicamente em vacinar a antiga ordem política contra processos abruptos de transformação. Um dos axiomas da história política nos ensina que ninguém reinstitui privilégios com a plena e dócil benevolência daqueles que passam a ser prejudicados.

A censura se transforma, então, a partir da década de 20 do século XIX, em uma das ferramentas para a reconstrução de uma ordem social baseada em múltiplas formas de opressão. Foi talvez o momento de maior incidência da censura na história da imprensa europeia. Deixar de saber o que ocorre em outros países era perder a oportunidade de importar ideias. Era limitar ou neutralizar o espaço público. O noticiário internacional acabou se tornando, ao mesmo tempo, o alvo da repressão censora e o bode expiatório, em razão dos supostos estragos produzidos por ideias inovadoras e importadas.

SÉCULOS XIX E XX

Aqui vai uma provocação. A meu ver, o século XIX ainda não acabou.

O que move esse meu raciocínio é o fato de termos, nos últimos duzentos anos, atravessado um processo em que se incorporaram à imprensa novas tecnologias, sem que, no entanto, sua racionalidade como prática social tivesse sofrido transformações fundamentais. Em outras palavras, as informações vindas de países estrangeiros passaram a chegar cada vez mais depressa. Os processos de impressão foram radicalmente aperfeiçoados. Mas a notícia continuou a ser um produto (uma mercadoria) de consumo dentro de um mercado que hoje funciona de acordo com normas – a produção em massa para baixar custos, a conquista de novas camadas de consumidores, a discriminação do "saber", pela qual o pobre tem menos acesso que o rico àquilo que é a atualidade – que permaneceram uma constante ao longo desses dois séculos.

O século XIX foi para a história econômica e para o jornalismo internacional um celeiro de riquíssimas e inovadoras experiências. A Marinha britânica inventou o biscoito produzido em escala industrial para a alimentação dos marinheiros que garantia a expansão do império. Os jornais de grande tiragem inventaram a notícia em escala industrial, cujo consumo diferenciava o burguês ilustrado do operário ou do camponês desprovido de letras. Para esse mesmo burguês, a notícia não era apenas entretenimento. Era uma ferramenta que capacitava a sua inserção na economia.

Em 1800, os jornais eram impressos, em uma folha só, por aparelhos de madeira semelhantes aos utilizados para a fabricação de livros. Uma impressora a vapor inventada pelos ingleses em 1814 permitiu, por exemplo, multiplicar por dez a tiragem do *The Times*. Em 1865, veio a impressora cilíndrica (rotativa), e, em 1889, desta vez nos Estados Unidos, o linotipo, que fundia todas as letras de uma linha de texto em uma única matriz metálica. Na segunda metade do século, o trem e os cabos de telégrafo foram instalados em todas as direções. O mundo ficou menor. O impacto da rapidez na transmissão de informações e na distribuição de jornais e revistas foi proporcionalmente bem maior que o da computação e o da Internet no final do século XX.

A Guerra Civil norte-americana (1861-1865) foi acompanhada por 150 correspondentes de guerra. O jornalismo internacional já entrava em sua fase adulta. O jornal e a revista, já estruturados como empresa, procuravam obviamente aquilo que ainda procuram fazer hoje: obter mais informações por um preço menor. A ideia consistiu, então, em formar *pools* pelos quais um mesmo repórter ou equipe de repórteres produziriam material para muitos órgãos de imprensa. É a ideia da agência de notícias.

Ela surgiu em 1835, na França. Charles Havas criou uma agência de tradução de informações publicadas por outros jornais europeus e para uso dos jornais franceses. Depois passou a captar essas informações com equipes próprias de reportagem. Um dos empregados da Agência Havas – precursora da AFP – era um alemão, Paul Julius Reuter. Em 1851, ele centralizou em Londres, para uso da imprensa econômica, informações captadas na Europa continental. E depois informações dos Estados Unidos para uso de assinantes europeus.

Em 1865, foi a Reuters que noticiou primeiro o assassinato do presidente Abraham Lincoln. A história é pitoresca. A notícia vinha por malote, transportada em navio. Como a situação política em Washington andava tensa, a agência interceptou sua correspondência quando o barco do correio ainda percorria o litoral da Irlanda, de onde a notícia foi transmitida a Londres por telégrafo. Foi um grande furo, que provocou previsível caos no mercado das ações e de matérias-primas.

Nos Estados Unidos, em 1848, seis jornais de Nova York fizeram um *pool* para a cobertura de eventos como a guerra que os Estados Unidos desencadearam contra o México (aquela que permitiu a anexação de Califórnia, Nevada, Arizona, Texas e bem mais). O *pool* se chamou Associated Press (AP) e funciona até hoje. Foi da AP, em 1858, o primeiro despacho por cabo telegráfico transatlântico. O texto, para uso dos jornais norte-americanos, trazia 48 palavras e se referia a uma rebelião contida na Índia contra os ingleses.

As agências deram viabilidade econômica ao noticiário internacional. Um texto distribuído a centenas de jornais que assinam os serviços de uma agência sai incomparavelmente mais barato que um texto produzido por um correspondente ou enviado especial cujos custos são cobertos inteiramente por um jornal ou por uma revista. O correspondente ou o enviado especial passou a ser um diferencial de peso, mas não o arroz com feijão do noticiário.

Outra consequência da generalização dos serviços das agências é o relativo apartidarismo do noticiário. Não é uma postura ética, e que isso fique bem claro. É uma postura de mercado. Como há clientes de diferentes orientações editoriais, nenhuma agência puxaria a azeitona para o lado de uma só empada. Se assim o fizesse, criaria melindres e perderia o freguês para uma agência concorrente. O apartidarismo tornou-se com o tempo um procedimento "normal" de enfocar os acontecimentos. Ele fora por muito tempo exceção, ao ponto de o *Guardian* (inicialmente *Manchester Guardian*, de periodicidade semanal e hoje talvez o melhor jornal diário britânico) surgir com frequente destaque na história do jornalismo internacional por ter, em 1871, enviado correspondentes para o lado francês e para o lado prussiano da guerra entre aqueles dois países.

Antes dele, o *Times* crescia com base na imagem de independência dos interesses do governo, o que ficou claro com a cobertura dos massacres operários por tropas oficiais, em Manchester, em 1819. A imprensa de Nova York também tem algo a nos dizer a respeito. Em 1835, o *New York Herald* foi o primeiro jornal norte-americano a se proclamar apartidário. Afastava-se do engajamento de interesses políticos locais. Mas também criava uma cultura pela qual as notícias vindas da Europa eram tratadas de modo desapaixonado, sem que austríacos tivessem razão sobre franceses ou britânicos sobre italianos em eventuais conflitos e divergências.

E já que estamos falando de agências internacionais, proponho um breve exercício de imaginação. Suponhamos que, em Quito, um grupo de jornais também tenha criado uma agência por volta de 1870. Suponhamos que outra agência tenha surgido na mesma época em Budapeste para canalizar despachos econômicos. Por que é que não saiu do Equador ou da Hungria um modelo internacional de jornalismo? Mesmo com tais exemplos fictícios, a resposta seria simples. Na história do jornalismo, a ascensão da bandeira de determinada agência esteve estreitamente atrelada à bandeira do país em que ela instalou sua sede e no qual fincou seus interesses. A França, o Reino Unido e os Estados Unidos foram países em ascensão no momento em que a industrialização os projetava por suas ambições expansionistas e por seu poderio industrial e mercantil. E, também, pelo poderio de sua imprensa. Em outras palavras, a história do jornalismo internacional é de algum modo a história dos vencedores. Os perdedores têm uma imagem bastante brumosa do passado de seu próprio jornalismo.

Querem ver? A Alemanha perdeu duas guerras mundiais no século passado. Entrem no *site* da Deutsche Presse-Agentur, a competente DPA (www.dpa.de), para se informar sobre qual é a história dela. Vocês descobrirão, em um canto bem escondido, que ela surgiu em 1949, da fusão de três outras agências que operavam no setor ocidental da Alemanha, a Dena (Deutsche Nachrichtenagentur), a Suedena (Süddeutsche Nachrichtenagentur) e a DPD (Deutsche Pressedienst). São siglas que têm prováveis raízes no passado do Terceiro Reich, que todos têm o interesse em esquecer.

A Itália perdeu o bonde do colonialismo e se limitou a duas conquistas inglórias: impôs o pretorado à Líbia e invadiu rocambolescamente a Abissínia, atual Etiópia. Entrem no *site* da Ansa, a agência nacional italiana (www.ansa.it). Por ele, ficamos sabendo que a agência é uma cooperativa de 38 jornais ou revistas e que foi criada em janeiro de 1945. É claro que a história das agências de notícia na Itália não começou após a vitória da invasão, iniciada bem antes, dos aliados na Península. Mas, antes disso, tudo se perde na noite nebulosa do fascismo. A história por certo existe. Mas não faz parte do imaginário do leitor ou dos próprios jornalistas italianos.

Não que os vencedores tenham entrado nas inovações pela porta dos fundos. Eles estão com frequência na vanguarda de certos produtos que hoje aceitamos como necessários e quase naturais (a televisão inglesa em 1936, a televisão alemã quase simultaneamente e a televisão francesa em 1937, dois anos antes das primeiras transmissões experimentais da NBC nos Estados Unidos). Vejamos, a seguir, por meio de um exemplo clássico, um pouco mais sobre a tecnologia de transmissão das informações, e como ela encurtou a distância entre a sede de um jornal e a origem dos acontecimentos longínquos que seriam editados como noticiário estrangeiro.

Em 1815, os franceses, ainda liderados por Napoleão, enfrentaram uma aliança anglo-germânica nas imediações de uma cidadezinha belga chamada Waterloo. A batalha foi rápida. Começou no início da madrugada. No meio da tarde, o chão já estava coberto com 45 mil cadáveres de soldados. Um livro recentemente publicado em Londres (*Wellington's Smallest Victory*, de Peter Hofschröer) relata um fato curioso. A notícia de que as tropas napoleônicas haviam sido derrotadas demorou cinco dias para chegar a Londres. Quem a levou – a cavalo, a pé, de barco na travessia do canal da Mancha – foi um oficial britânico chamado Harry Percy, que vinha a ser o único integrante do Estado Maior de Wellington que não fora ferido. Se o próprio trono britânico demorou tanto para saber de algo tão importante, é óbvio supor que a imprensa local recebeu a notícia com um atraso ainda maior para publicação.

Mas vamos dar um salto de 150 anos. Por volta de 1965, para um repórter de Cidades de um jornal de médio porte, numa cidade como São Paulo, o avanço tecnológico consistiu talvez em trocar o bonde pelo carro de reportagem ou a máquina de escrever mecânica pela máquina de escrever elétrica. No jornalismo internacional, o impacto tecnológico foi sempre incomparavelmente maior. Creio que no fundo os episódios que marcam a história da tecnologia são um tanto enfadonhos, porque trazem um pouco de epopeia disfarçada, com ingredientes narrativos daquilo que terminou bem e comprovou o quanto eram inteligentes e espertos os seus épicos empresários ou inventores. Evitemos essa armadilha.

Nenhum jornal ou agência tornam públicos episódios desastrosos de sua história, nos quais decisões empresarialmente erradas ou o uso indevido de uma inovação os levou a ter enormes prejuízos, a perder clientes e espaço para concorrentes. Aliás, talvez o denominador comum nesse capítulo seja a concorrência. As agências e os jornais passam a concorrer entre si para não caírem no fosso inglório dos que tombaram pelo caminho. A história invisível do jornalismo traz cemitérios em que jornais, revistas e serviços telegráficos jazem o sono eterno por conta de burrices e trapalhadas empresariais.

O século XX começou com o impacto do teletipo. O telégrafo e o código Morse tornaram-se ultrapassados por volta da Primeira Guerra Mundial. É bem possível que os mais jovens de vocês não saibam ao certo o que é um teletipo. Então, melhor explicar. Uma das duas extremidades de uma ligação telefônica é conectada a uma espécie de máquina de escrever provida de teclado. É o terminal da agência de notícias. Nas outras extremidades estão conectadas máquinas de escrever que não têm teclado. São os terminais dos jornais, emissoras de rádio ou TV e revistas que pagam pela assinatura dos serviços telegráficos da agência.

Cada letra era transmitida separadamente, por processo analógico e não digital. Uma variação bem posterior do teletipo foi o telex. Era praticamente a mesma coisa, com a diferença de que nas duas extremidades da linha a máquina tinha teclado. Com o telex, pessoas que estivessem nos dois terminais em cada extremidade da linha poderiam dialogar uma com a outra. O que eu escrevia aparecia no meu rolo do papel com letras em cor preta. O que meu interlocutor escrevia aparecia no meu rolo de papel com letras em cor vermelha. Mas eram mastodontes barulhentos, caríssimos e cheios de melindres mecânicos. Quando se tornou um anacronismo tecnológico, há relativamente bem pouco tempo, por volta de 1985, o teletipo e o telex mais rápidos eram capazes de transmitir menos de duzentos sinais por minuto.

Entrar na salinha do telex de uma redação era a mesma coisa que descer à casa das máquinas de um velho e decrépito navio. Um clima barulhento, quente e inóspito. Dependendo do modelo dos aparelhos e da quantidade de terminais em funcionamento, o ruído era tão grande que duas pessoas não conseguiam conversar a não ser que gritassem uma com a outra. Os teletipos também eram dotados de um sininho. Quando a agência queria anunciar a seus assinantes algo de muitíssimo urgente, os despachos eram precedidos de alguns toques de sininho.

Nos anos 50, quando eu ainda era criança e não pensava em ser jornalista, o redator de Política internacional da *Folha de S.Paulo* encarregado do plantão durante a madrugada, quando o jornal já estava sendo impresso, geralmente dormia em um leito de campanha, armado bem ao lado dos teletipos. Se tocasse o sininho, era sinal de que havia notícia. E que seria preciso incluir alguma informação em segundo ou terceiro clichê (mudanças de atualizações que as páginas vão sofrendo durante a impressão de toda a edição de um jornal).

O sininho foi bastante espalhafatoso na madrugada de 6 de agosto de 1945. Às 20h17min do dia 5, data e hora do Rio de Janeiro, os norte-americanos soltaram a bomba atômica sobre Hiroshima. A notícia não foi divulgada de imediato, mas chegou com tempo útil para tranquilamente entrar em segundo clichê. Anedotas maldosas ainda hoje procuram desqualificar as redações em que supostamente ninguém teria prestado atenção ao sininho com os primeiros *flashes* do comunicado das forças norte-americanas no Pacífico.

Gafe comprovada foi cometida em Paris pelo jornal *Le Monde*. O vespertino circulava havia apenas alguns meses e tinha a orientação de não repetir o enfoque das manchetes que já estariam nas primeiras páginas dos jornais matutinos franceses. Diante disso, o *Monde* manchetou mais ou menos assim: "Americanos dão passo importante na tecnologia militar". A quantidade estimada de mortos ficou para o segundo parágrafo. Coisas da vida.

Os anos 60 do século XX inauguraram a era dos satélites de telecomunicações. O primeiro deles, chamado Telstar, foi lançado pela Nasa em 10 de julho de 1962. Naquele mesmo ano, ele foi "estreado" pela BBC para a transmissão a partir dos Estados Unidos por um período não superior a 15 minutos. Não havia mais o risco de incomunicabilidade por causa da ruptura acidental de um cabo submarino. Claro que haviam as transmissões de ondas curtas de rádio. Mas elas nunca serviram de suporte de texto para as agências internacionais. A tecnologia do rádio só serviu de suporte com o advento das ondas longas. Foi por elas que a Reuters, a partir de 1923, instalou entre seus clientes europeus um serviço de distribuição de cotações do mercado financeiro e de *commodities*.

As ondas hertzianas também possibilitaram que, em 1951, os jornais brasileiros recebessem fotografias de episódios no próprio dia em que eles ocorriam. O serviço foi da Associated Press. As fotos eram em branco e preto e eram prejudicadas por riscos verticais que representavam interferências no processo (para os padrões atuais, precaríssimo) de transmissão. Antes da radiofoto, as fotografias eram enviadas por malote. E os malotes nem sempre eram rápidos. Em 1945, um voo de Nova York a São Paulo levava dois dias e meio.

Quanto à televisão, a transmissão via satélite também data dos anos 60. A chegada do homem à Lua, em julho de 1969, foi transmitida em rede mundial. A TV colorida foi inaugurada no Brasil em 1972 e, dois anos depois, em 1974, o país já dispunha de aparelhos suficientes para que os brasileiros assistissem, em cores, as transmissões da Copa do Mundo. O que para nós é relevante é a constatação de que a mídia impressa nunca manteve o monopólio da informação por meio de imagens. A concorrência veio em primeiro lugar do cinema (documentários com as atualidades nacionais e estrangeiras projetadas antes dos filmes em qualquer sala, já nos anos 30), em seguida com a televisão e, por fim, com a Internet. Assim, os jornais impressos precisaram competir com as demais mídias com enfoques mais interpretativos e com uma contextualização histórica maior dos acontecimentos.

UM POUCO DE BRASIL

É compreensível que o nascimento e as primeiras décadas da imprensa brasileira se concentrem no noticiário de política interna. Aliás, falar em "noticiário" seria bondade excessiva de minha parte. A ideia de jornal no início do século XIX é bem diferente da que dele temos hoje, já que eram folhas destinadas a defender posições, lançar polêmicas ou mesmo "esculhambar" com a reputação alheia. Dar informações era um objetivo secundário, se é que me permitem o exagero. Entre a Independência, em 1822, e a Maioridade de D. Pedro II, em 1840, vigorou um estilo de jornalismo que os historiadores chamaram de pasquins.

Assuntos domésticos é que não faltavam: a separação política de Portugal e aquilo que ela custou ao Brasil em termos financeiros e diplomáticos (o Tesouro assumiu uma parcela da dívida portuguesa junto aos bancos ingleses e a Inglaterra exigiu regalias judiciais para seus cidadãos residentes por aqui), as crises do Primeiro Reinado, a Regência, o conflito entre partidários e adversários de uma monarquia constitucional, os movimentos regionais que procuravam autonomia com relação ao poder central, o que fracionaria um território imenso e para muitos ingovernável e nos faria seguir o exemplo das múltiplas divisões que afetaram a América espanhola.

É bem verdade que todos esses temas internos poderiam ser perfeitamente compatíveis com o acompanhamento jornalístico dos assuntos que diziam respeito aos Estados Unidos – objetos de um interesse intenso, que se intensificaria após a Guerra do Paraguai, com o movimento republicano – e sobretudo à Europa, que já funcionava na época como um imenso laboratório de ideias e conflitos, o que é uma maneira também de dizer laboratório de pautas e notícias.

Existem, a meu ver, duas razões pelas quais o noticiário exterior estava ausente ou pouquíssimo frequente nas primeiras décadas do jornalismo brasileiro. Há em primeiro lugar os motivos, por assim dizer, "técnicos". As notícias chegavam por navio. Até pouco depois de 1850 não existia ainda a navegação a vapor. As travessias do Atlântico eram demoradas, de duração incerta. As "atualidades" chegavam sempre com algo em torno de seis semanas de atraso entre o momento em que ocorriam e o momento em que saíam impressas no Brasil. Há em seguida o fato de as oligarquias nacionais da primeira metade do século XIX serem bilingues. Falava-se também o francês e assinavam-se publicações que chegavam da França. Não seria, portanto, exagerado supor que um determinado cidadão, integrante da pequena minoria alfabetizada e politizada, soubesse do noticiário internacional bem mais por meio de periódicos importados com os quais os pasquins não poderiam ou não teriam o interesse de fazer concorrência.

De qualquer modo, tudo isso faz parte de um período que ainda hoje é objeto de um imenso vazio bibliográfico. Não há pesquisas que nos digam de que maneira foram noticiados por aqui acontecimentos europeus ou norte-americanos relevantes. As hemerotecas de pasquins são consultadas por historiadores como fontes primárias de opiniões divergentes sobre política interna e não tendo como objetivo o jornalismo em si ou a seção de pautas estrangeiras que agora nos interessa. O noticiário internacional não é objeto de estudos editados ou disponíveis em bases de dados de monografias de mestrado ou teses de doutorado das universidades públicas que consultei. Que fique a sugestão para quem está à procura de um tema para pesquisa acadêmica.

O que temos são indícios, pescados ao acaso na bibliografia. Um deles: é provável que determinada notícia importante apareça em Pernambuco antes de ser publicada na Corte (o Rio de Janeiro), e na Corte antes de ser publicada em São Paulo. Pela simples razão de que os navios aportavam primeiro em Recife no trajeto que os trazia da Europa. A Universidade Federal de Pernambuco publicou em 1966 uma pequena brochura sobre a história da imprensa local, escrita por Luiz Nascimento. O autor se refere sumariamente a um jornal chamado *Gazeta Universal*, que começou a ser publicado em 1836. E constata que ele publicava notícias do exterior, mas só "quando chegavam navios". Se os navios não chegassem, não haveriam notícias. O exemplo é com certeza comum a dezenas e dezenas de outras publicações brasileiras da época.

A concorrência entre jornais levou a uma prática da qual não se sabe ao certo o que é historicamente comprovável e o que é apenas anedótico. No Rio, os jornalistas mais preguiçosos esperavam que o navio vindo da Europa atracasse, para em seguida conversar com tripulantes e passageiros, ou se apossar de malotes especialmente enviados por agências ou correspondentes em Lisboa, Londres ou Paris. Os jornalistas menos preguiçosos e com mais recursos abordavam o navio quando ele penetrava na Baía da Guanabara, obtendo sobre os demais jornalistas uma vantagem de algumas horas que poderia se traduzir pela publicação em primeira mão de notícias que a concorrência só traria na edição seguinte.

Em seu *Diário de Pernambuco – História e jornal de 15 décadas* (1975), Arnaldo Jambo relata que foi por meio de notícia obtida com a abordagem de um navio que ainda não havia atracado ao cais de Recife que aquele diário publicou em seu primeiro número, em 1825, a informação de que havia saído dos portos da França uma esquadra de cinquenta embarcações de guerra com destino a Ilha de Cuba.

Mas vamos fazer um novo recuo no tempo. O primeiro jornal brasileiro, como todos sabem, chamava-se *Correio Braziliense* (1808) e era redigido, em Londres, por Hipólito José da Costa. Tratava-se em verdade de livrinhos periódicos, com espessura maior ou menor, dependendo da quantidade de assuntos tratados ou dependendo da disponibilidade física de trabalho de seu único redator. O *Correio* chegava ao Brasil para os assinantes, e por navio, claro. Com a chegada da família real ao Brasil, também em 1808, começou a ser impressa a *Gazeta do Rio de Janeiro*, no fundo um diário oficial, que trazia os decretos do governo e também notícias sobre o "estado de saúde de todos os príncipes da Europa", segundo citação transcrita por Nelson Werneck Sodré, em seu *A história da imprensa no Brasil* (Civilização Brasileira, 1966), até hoje o melhor estudo disponível sobre aquele período. Digamos, com certa condescendência, que o "estado de saúde de todos os príncipes da Europa" já era uma forma rudimentar de noticiar fatos estrangeiros.

Tomemos agora o caso de São Paulo, uma cidade prejudicada por sua localização geográfica e que dependia de barcos que aportassem em Santos e ainda de escravos ou tropas de burros que transportariam as notícias Serra do Mar acima. Não passava de um vilarejo modorrento cuja monotonia era quebrada pelo relativo metropolitanismo das preocupações dos estudantes da Faculdade de Direito, criada em 1827. Pois eles promoveram, em 1830, uma manifestação de apoio aos franceses. Saíram às ruas contra a decisão de Carlos X de neutralizar a Assembleia Nacional e governar segundo as receitas do absolutismo. É provável que a revolta contra Carlos X tenha chegado com o compreensível atraso aos leitores paulistas por meio de cartas de correspondentes.

Atentem para a palavra "correspondente". Ela é derivada de correspondência, um fato postal. Os correios paulistas tinham uma única linha de distribuição, em que o Rio de Janeiro, com escala em Santos, era o ponto de origem e destino. Para os leitores do interior só em 1825 é que foi aberta a linha postal em direção a Itu.

Mas voltando um pouco a uma perspectiva nacional, por volta de 1850 o pasquim eminentemente político já havia entrado em decadência e estavam enterradas como passado as dezenas e dezenas de títulos que definiram por duas ou três décadas esse gênero de informação. Sua decadência deu lugar ao jornalismo bem mais "literário". O beletrismo herdado da tradição intelectual lusitana passou a predominar ao mesmo tempo como estilo narrativo e como assunto das pautas domésticas e internacionais. Defendia-se Victor Hugo em suas críticas a Napoleão III, um tema bastante em voga na França.

Os maiores escritores do romantismo brasileiro foram também jornalistas, como José de Alencar. Os jornais rapidamente importaram e passaram a praticar o folhetim, "a frutinha de nosso tempo", segundo a saborosa definição que dele deu Machado de Assis. O folhetim, ou romances publicados em breves capítulos pelos jornais, foi de certo modo o precursor da novela de televisão. Ele representou a inserção da literatura na imprensa e também a inserção do Brasil no circuito internacional da ficção consumida à quente. Para quem se interessar pelo assunto há um belíssimo livro escrito pela professora Marlyse Meyer (*Folhetim, uma história*, Companhia das Letras, 1996), que discorre, por exemplo, sobre a popularidade de um herói de origem francesa chamado Rocambole, que deu o nome a um bolo enrolado na culinária brasileira e também ao adjetivo "rocambolesco", quando se trata de qualificar um enredo cheio de surpresas, de ingredientes inesperados.

Há no jornalismo internacional praticado no Brasil uma data absolutamente fundamental. É o ano de 1874. No dia 22 de junho, D. Pedro II se instala com um grupo de técnicos e troca mensagens por telégrafo com Marconi, com o papa Pio IX e com o rei Vittorio Emmanuele, e ainda com a rainha Vitória, da Inglaterra, e com o presidente da França, general Mac Mahon. Um cabo estendido no leito do Atlântico conectava por telégrafo o Brasil à Europa. Não era mais preciso esperar por demorados 28 dias para que um barco a vapor chegasse ao Rio de Janeiro com notícias da Europa, provenientes de portos britânicos.

Três anos depois, em 1877, a agência Reuter-Havas (uma empresa que então reunia as atuais Reuters e France Presse) abria uma sucursal no Rio de Janeiro. Na edição de 1º de agosto daquele ano, o *Jornal do Comércio* trazia impressas as duas primeiras notícias internacionais que o Brasil publicava simultaneamente com os jornais europeus. O primeiro telegrama informava que nos estaleiros ingleses de Millwal fracassara a tentativa de lançar ao mar uma fragata, a *Independência*, encomendada pela Marinha brasileira. O segundo telegrama informava a morte de um ex-embaixador britânico no Brasil.

Vamos dar, agora, um pequeno salto cronológico.

A exemplo do que ocorria nos Estados Unidos, onde a chegada maciça de imigrantes criava um "mercado" jornalístico para informações originárias dos países europeus, o Brasil, no final do século XIX, colocava em prática uma política de importação de mão de obra – uma forma de "branquear" etnicamente a nação, de acordo com um projeto explícito em pensadores como Alberto Torres – e suprir as necessidades econômicas criadas pelo *boom* do café. Previsível, portanto, que jornais em idiomas estrangeiros passassem a ser publicados para serem lidos por essas comunidades de imigrantes.

Em São Paulo, que centralizava boa parte desse fluxo migratório, surgiram entre 1878 e 1901 nada menos que 17 desses jornais. O primeiro deles foi o *Germania*, para a comunidade alemã. Ela também produziria nos anos seguintes o *Freie Presse* (1889), o *Echo von Brazilien* (1890) e o *Deutsch Brasilianische Presse* (1891). A comunidade italiana teria o *Fanfulla* (1893), a *Tribuna Italiana* e *Il Secolo* (ambos de 1894). Os espanhóis lançariam entre 1891 e 1900 o *Correo Español*, *El Heraldo*, *La Ibéria*, *La Gaceta Española* e *La Voz de España*. E a comunidade árabe teria, entre 1896 e 1901, *O Brasil*, *Al Assmahy*, *Al Munazer* e *Al Manarat*.

Esse conjunto de publicações é para nós relevante porque previsivelmente os estrangeiros aos quais elas eram destinadas tinham acesso a um noticiário internacional com foco quase que exclusivo a seus países de origem. Não eram, no entanto, em razão sobretudo da barreira do idioma, o tipo de jornal (diários, semanais, mensais) em que o leitor brasileiro se informava sobre problemas estrangeiros. Para os imigrantes não assimilados à cultura nacional, o noticiário assim impresso tinha ainda a dimensão familiar de noticiário doméstico.

Uma outra área um pouco menos virgem em amplos estudos historiográficos é a da imprensa militante, ou mais propriamente socialista e anarquista, a partir do final do século XIX. Ela compunha uma parcela dos 343 jornais que surgiram no Brasil entre 1890 e 1920. O primeiro deles teria sido *Se Riveglio*, dirigido pelo italiano Alfredo Mari. A imprensa militante tinha por objetivo básico não apenas informar, mas também organizar os trabalhadores com vistas a reivindicações imediatas (contra o trabalho de crianças, de mulheres no final da gravidez) e de um horizonte a médio e longo prazo: a abolição do Estado, para os anarquistas, e a construção de um modelo de sociedade sem classes, para os socialistas. Os italianos tiveram um papel preponderante, com 55 dos sessenta jornais em língua estrangeira surgidos no período, uma pequena parcela dos quais era militante.

Ao lado de questões essencialmente locais, os anarquistas e socialistas mencionavam no noticiário episódios que definiam a marcha de suas ideias na Europa e no resto do mundo. Foi o caso de *El Grito del Pueblo* (1899), publicado por socialistas espanhóis e que circulava em São Paulo e Curitiba. O internacionalismo, sentimento que procurava unificar a identidade dos trabalhadores espalhados por diversas nacionalidades, valorizava a diversidade da origem geográfica dos assuntos.

Vejamos um exemplo: em *Libertários no Brasil, memórias, lutas, cultura"*, organizado por Antônio Arnoni Prado (Brasiliense, 1986), o historiador Francisco Foot Hardman narra a maneira pela qual o jornal paulistano *A Lanterna* lembrou, no bairro da Lapa, em outubro de 1911, o segundo aniversário da execução, na Espanha, do líder libertário Francisco Ferrer. De certo modo, a pátria do internacionalismo tem a extensão planetária, pouco importa que os episódios ocorram na Espanha ou no Brasil. As fronteiras, argumentava essa corrente operária, foi feita para dividir artificialmente os povos e delimitar áreas de influência dos setores dominantes dentro das sociedades. As utopias proletárias daquele período tinham um conteúdo estranhamente parecido ao que chamamos hoje de globalização. A proporção do noticiário internacional na imprensa anarquista ou simplesmente imprensa operária nos é ainda desconhecida. Há hemerotecas imensas que esperam por estudos de pesquisadores de curiosidade talentosa.

Algumas breves observações sobre a cobertura pelo jornalismo brasileiro das guerras mundiais: a Segunda Guerra não teve propriamente um acompanhamento com os olhos internacionais porque se tratava de um conflito do qual o Brasil participava. Foram enviados à Itália 25 mil soldados. Morreram 430, e mais 13 oficiais do Exército e oito da Aeronáutica. Jornalistas acompanharam as operações da FEB (Força Expedicionária Brasileira), entre eles Joel Silveira e Rubem Braga, este último como enviado especial do *Diário Carioca*. Os textos obviamente relatavam os avanços do Brasil em um quadro bem mais amplo do esforço dos aliados para derrotar o nazifascismo. Mas o enfoque foi essencialmente brasileiro.

Quanto ao conflito anterior há a publicação do recente trabalho do jornalista Sidney Garambone (*A Imprensa Brasileira e a Primeira Guerra Mundial*, Rio, Mauad, 2003). É um exemplo muito bom de historiografia, feito com base na cobertura de dois jornais cariocas, o *Jornal do Comércio* e o *Correio da Manhã*. A chamada "Grande Guerra" foi a primeira grande carnificina em larga escala da história moderna. Morreram 4.121 mil militares do lado aliado (como França, Reino Unido, Itália e Rússia) e 3.629 mil do lado dos Impérios Centrais (Alemanha, Áustria-Hungria, Turquia). Nenhum jornal brasileiro enviou repórteres para acompanhar os combates. Dependia-se dos despachos das agências internacionais, que eram enriquecidos por meio de uma postura interpretativa, baseada em simpatias ou antipatias para com um dos lados ou então em informações históricas sobre os beligerantes e territórios que eram palco de combates.

Outra forma de entender a lacuna existente nos levantamentos sobre o que foi o jornalismo internacional na história da imprensa brasileira pode estar na visão que temos das revistas. Há sobre elas um estudo recente, de imensa erudição e excelente apresentação gráfica. Trata-se de *Revista em revista*, de Ana Luiza Martins (Edusp, 2001). A historiadora se detém no início do período republicano e se restringe bem mais ao caso das publicações do estado de S. Paulo. Mesmo assim, o quadro que ela nos fornece acaba por nos dar uma ideia da "taxinomia" dos interesses sociais. Ou seja, uma classificação dos assuntos que, ao gerarem revistas especializadas, indicam a existência, dentro da sociedade, de focos de interesse ou preocupações de grupos o bastante numerosos para justificar a existência de um periódico.

Não havia no período, como praticamente continua a não haver hoje em dia – entre as pouquíssimas exceções citemos *Política externa*, revista semestral que a Paz e Terra publicava com regularidade há alguns anos –, publicações com informes ou reflexões sobre relações internacionais ou questões estratégicas em países estrangeiros. As revistas tinham como tema a agronomia, a pedagogia, o saber científico, o esporte, a religião, as preocupações domésticas ("imprensa feminina"), as artes cênicas e os temas infantis para consumo de crianças e adolescentes. Claro que revistas noticiosas traziam notícias do exterior. Em 1912, eram 882 os periódicos noticiosos, número que saltou para 1.519 em 1930. Isso em um total de periódicos que passou de 1.377, em 1912, para 2.959, em um período de apenas 18 anos. Os números, relativos ao Brasil como um todo, surpreendem e quase assustam pela quantidade incrível de letrinhas impressas e que o leitor consumia.

Ana Luiza Martins não concebe esse consumo como uma simples relação entre, de um lado, os jornalistas ou as empresas que produziam jornais e revistas, e, de outro lado, as pessoas que os compravam ou os assinavam. O jornalismo é bem mais que isso. Ele é uma espécie de espelho no qual a sociedade encontra uma reprodução de suas hierarquias de valores. E é também um modo de organizar uma linguagem extremamente fragmentada, que passará a refletir a própria fragmentação que existia e ainda existe entre os cidadãos e, por extensão, entre os leitores brasileiros de periódicos.

Os anos 60 trouxeram experiências importantes no mercado interno de noticiário internacional por revistas, primeiramente com a *Visão*, e em seguida, anos depois, com a *Veja*. Semanários mais ou menos calcados no modelo consagrado pela norte-americana *Time*, essas duas revistas brasileiras formaram, pela primeira vez, equipes de redatores especializados em política externa e cumpriram uma função didática na mídia.

RÁDIO E TELEVISÃO

E para encerrar este capítulo, algo relativamente breve sobre o jornalismo no rádio e na televisão. O gênero é antigo. A bem da verdade nasceu na Holanda, quando em 1919 o primeiro programa e o primeiro boletim informativo foram ao ar naquele país. No ano seguinte, a BBC entrava em atividade. Seu radiojornalismo tinha uma particularidade curiosa: os primeiros boletins eram objeto de duas leituras por parte do locutor. A primeira delas, com lentidão, em ritmo de ditado. A segunda, com a velocidade própria à fala coloquial. Os ouvintes foram convidados a escrever à emissora para relatar qual a fórmula que consideravam mais adequada. A Holanda e o Reino Unido têm como particularidade o não atrelamento do rádio ao mercado. Já que as emissoras eram um serviço público, elas independiam da existência de uma quantidade suficiente de aparelhos receptores para a rentabilização de seus programas patrocinados por anunciantes. Foi também por isso que esses países saíram à frente dos Estados Unidos – pátria da iniciativa privada no setor radiofônico – em suas primeiras transmissões.

No Brasil, o rádio nasceu em 1922, no Rio de Janeiro, e em 1924, em São Paulo. O radiojornalismo, como prática profissionalizada e enquadrada em normas rígidas de conduta e redação de textos a serem lidos diante do microfone, surgiria apenas em agosto de 1941, quando pela Rádio Nacional foi ao ar o primeiro Repórter Esso. Sônia Virginia Moreira, em seu *O rádio no Brasil* (Rio Fundo Editora, 1991) relata que primeiramente o programa era redigido por redatores da agência de publicidade McCann-Erickson, detentora da conta da Esso Standard de Petróleo.

Cada uma das quatro edições diárias do Repórter Esso durava cinco minutos, quatro dos quais precisavam ser preenchidos com notícias locais, nacionais e internacionais, estas fornecidas pela UPI (United Press International). A inserção de notícias estrangeiras tornou-se pela primeira vez sistemática no rádio brasileiro. O manual interno de redação do programa estipulava que ele "não comenta as notícias" e "sempre fornece as fontes da informação". Essa última recomendação nos deixa supor que o radiojornalismo em vigor até então se baseava na leitura de notícias já publicadas pela mídia impressa, o que era omitido do ouvinte por uma questão de malandragem; essas notícias, já um tanto amanhecidas, recebiam alguns comentários por parte do locutor como forma de requentá-las para que elas fossem mais facilmente digeridas.

O Repórter Esso foi ao ar até 1968. Seu grande trunfo, em termos de jornalismo internacional, foi a cobertura da Segunda Guerra Mundial. Heron Domingues, seu editor e locutor, foi na época uma personalidade de primeira linha no jornalismo brasileiro. Além do Rio, seu jornal era transmitido por emissoras de outras capitais. Foi pelo Repórter Esso que o nazifascismo foi percebido consensualmente no Brasil como uma ideologia do mal. A UPI estava mergulhada na lógica da democracia e previsivelmente enxergava a Guerra pelo ângulo ideológico dos aliados. A "torcida" do Repórter Esso contra o Eixo tornou-se mais evidente a partir do momento em que soldados brasileiros passaram a combater como coadjuvantes dos grandes beligerantes em solo italiano.

As emissoras dos Diários Associados estreariam em 1946 seu "Matutino Tupi", que só sairia do ar em 1977. Por esses tempos uma outra fórmula de radiojornalismo acabaria por se impor a partir de São Paulo: a da Rádio Pan-Americana, ou Jovem Pan, com informações ininterruptas durante o período da manhã e a ampla exploração da reportagem volante (o idealizador do projeto e seu diretor por muitos anos foi Fernando Vieira de Melo). A Jovem Pan criou em 1972 um boletim diário de notícias internacionais elaborado em Paris por seu correspondente, Reali Júnior. O jornalismo internacional se tornava no rádio um produto regular e não apenas confeccionado em ocasiões excepcionais que exigissem (o que era raríssimo, em razão do alto custo financeiro) a presença de um enviado especial.

Em outubro de 1991 era criada a CBN (Central Brasileira de Notícias), vinculada ao grupo que edita o jornal *O Globo* e ao qual também pertence a TV Globo. Foi a primeira rede brasileira que aplicou a fórmula *all news*, que fora previamente tentada, sem sucesso, no Rio, pela Rádio JB, pertencente ao mesmo grupo que então editava o *Jornal do Brasil*. Depois de alguns anos, a CBN delegou boa parte de seu noticiário internacional à BBC, ou mais especificamente à equipe de jornalistas brasileiros que trabalham para aquela emissora em Londres. A regularidade e a diversidade dos programas jornalísticos – boletins, *features* – representou um passo importante na prática do jornalismo internacional radiofônico.

Quanto à televisão, como é mais ou menos público e notório, as transmissões foram inauguradas no Brasil em 18 de setembro de 1950, com a TV Tupi Difusora de São Paulo. No dia seguinte, 19 de setembro, foi transmitido o primeiro programa jornalístico da televisão brasileira, chamado "Imagens do Dia". Até o início dos anos 60, o jornalismo internacional sofria os efeitos da tecnologia insuficiente para dotar os programas de imagens de acontecimentos ocorridos no mesmo dia. Os filmes com acontecimentos relevantes eram transportados por avião e estavam sujeitos a uma defasagem de no mínimo 24 horas antes de serem levados ao ar. As imagens, sem a "temperatura" necessária e própria à atualidade, tornavam-se mais documentais. Foi o caso, em 1959, das cenas de fuzilamento de partidários de Fugencio Baptista em Cuba, depois que aquele ditador foi deposto pela guerrilha de Fidel.

Em 17 de junho de 1953, nos diz Sérgio Mattos em *A televisão no Brasil: cinquenta anos de história [1950-2000]* (Editora Ianamá, 2000), a fórmula de sucesso radiofônico foi pela primeira vez transposta para a televisão com a estreia do Repórter Esso. A fórmula fez novamente sucesso em razão de seu profissionalismo, que dispensava improvisações, baseando-se em uma mescla de textos e imagens em linguagem direta e desprovida de comentários. O telespectador tinha a ilusão de estar diante de algo objetivo e despido de ideologias, com a notícia se apresentando como matéria-prima a partir da qual cada um poderia elaborar sua própria opinião.

O Jornal Nacional foi ao ar pela primeira vez em 1º de setembro de 1969. Como o Brasil já dispunha de uma rede de torres de micro-ondas de ampla cobertura territorial (os *transponders* de satélite seriam usados pela primeira vez em 1982, pela Rede Bandeirantes), adotava-se por aqui o mesmo modelo que o telejornalismo norte-americano montara com seus programas transmitidos do Atlântico ao Pacífico.

Uma observação importante: com o Jornal Nacional e programas semelhantes produzidos por outras redes, instituiu-se uma divisão de trabalho. A saber: as emissoras locais produzem programas jornalísticos regionais, enquanto o noticiário nacional e internacional é editado pelas emissoras que ocupam a cabeça da rede. Em outras palavras, apenas jornalistas das redações das emissoras que transmitem para toda a rede é que trabalham com notícias vindas do exterior. O que foi de certo modo um recuo, já que se interrompeu em cidades menores ou capitais de menor importância um longo processo de aprendizado e qualificação para que as equipes locais lidassem com temas tais como política norte-americana ou europeia, conflitos no Oriente Médio ou relações Leste-Oeste durante a Guerra Fria.

Uma última data relevante no Brasil foi a de 1992. Entra em operações a TVA, primeira rede de programação paga no Brasil. Abrem-se também as portas para a importação de programas jornalísticos (como o norte-americano "60 Minutes"). A Deutsche Welle, a CNN, a BBC e a Fox News entram no mercado do noticiário internacional para consumo do telespectador brasileiro, enquanto a Rede Globo e a Bandeirantes lançam canais pagos *all news* de produção local.

E para terminarmos, existe um mercado mundial de produção de imagens jornalísticas. A lógica que o orienta é exatamente a mesma que existe no funcionamento das agências de notícia que fornecem textos aos jornais e revistas que os assinam. As agências de imagens (como a *Visnews*, comprada em 1985 pela Reuters e que passou a se chamar Reuters Television) oferecem às emissoras um cardápio que eu diria "pasteurizado" em seus assuntos e enfoques. Não há reportagens destinadas exclusivamente ao telespectador senegalês, tcheco ou brasileiro. As imagens que chegaram ao Brasil em 11 de março de 2004, por exemplo, com os atentados de terroristas islâmicos contra trens de subúrbio em Madri, não especificavam a nacionalidade das vítimas e não relatavam a existência de um morto paranaense. Mesmo redes mundiais de informação por televisão, como a CNN e a BBC, utilizam os serviços das agências para o registro de acontecimentos em locais nos quais não tenham equipes próprias.

É por isso inevitável que as abordagens caiam em uma sistemática mesmice. Pensa-se muito pouco no "outro lado" da informação, ao contrário do que a Al Jazira, rede noticiosa baseada no Qatar, faz com as pautas do Oriente Médio – o que a leva, muitas vezes sem o mínimo fundamento, a ser acusada de cúmplice involuntária do terrorismo. Em resumo, a concentração do mercado de imagens em poucas empresas provoca a produção e a difusão de notícias homogeneizadas no plano global, desprovidas de diferenciais nacionais ou de pluralidade de enfoque. Se a pluraridade não é tão pertinente em se tratando de inundações no sul da França, o mesmo não ocorre com incursões do Exército de Israel em Gaza e na Cisjordânia, iniciativas que são objeto de crítica e contestação por parte dos próprios israelenses, que vivem em um sistema democrático (inexistente no mundo árabe) e que, em razão da democracia, podem contestar as decisões militares de seus governantes.

CAPÍTULO II

As novas caras do noticiário internacional

Há coisa de trinta anos, eram os grandes jornais e revistas do eixo Rio-São Paulo que mais investiam no noticiário internacional. Não há mais, entretanto, a mesma motivação que os encoraje à formação de equipes numerosas de correspondentes, o jeito mais prestigioso e mais caro de operar com meios próprios nessa forma de cobertura. Isso aconteceu por uma série de razões. Uma delas está na reponderação do noticiário estrangeiro depois que o regime militar chegou ao fim.

Durante os anos mais negros da ditadura foram silenciados os brasileiros que poderiam questionar a política e a economia por ângulos mais amplos. Eram rarefeitas nos jornais daqui reportagens sobre democracia, direitos das minorias, direitos humanos ou o papel do Estado na defesa desses direitos, liberdade partidária e sindical ou novas formas de organização da sociedade – as primeiras ONGs, tais quais as concebemos hoje, estavam ainda para nascer.

Em compensação, os jornais cobriam sem muitas limitações institucionais (leia-se: censura), além das limitações impostas por eles próprios e por suas idiossincrasias, temas como as ações espetaculares dos Tupamaros, a guerrilha de extrema esquerda no Uruguai; a vitória presidencial do socialista Salvador Allende no Chile, o golpe que o derrubou em 1973 e as denúncias contra o regime chileno do general Augusto Pinochet por parte da Anistia Internacional ou da Comissão de Direitos Humanos da OEA (Organização dos Estados Americanos).

Lembremos ainda da derrota norte-americana no Vietnã, da sucessão infrutífera de manobras da Casa Branca para acobertar os responsáveis pelas escutas telefônicas de *Watergate* e a renúncia do presidente Richard Nixon como forma de evitar o *impeachment*. Ou ainda, no cardápio dos assuntos que deliciavam o leitor da esquerda, o eurocomunismo, que foi um imenso "aggiornamento" liderado pelos comunistas italianos, ao abandonarem a distinção leninista entre liberdade "formal" (que vem a ser o liberalismo, considerado uma aparência de liberdade, já que, garantido formalmente por instituições burguesas, serviria apenas para legitimar o poder das classes dominantes) e liberdade "real" (aquela que só o comunismo poderia teoricamente garantir, já que ele transferiria o poder a camponeses e proletários, as antigas classes dominadas). Liberdade, argumentaram os comunistas italianos, era uma coisa só. O socialismo, para eles, seria unicamente construído em um clima democrático. E por tabela eles também descartaram do roteiro para a construção da nova sociedade a passagem pela "ditadura do proletariado", uma das expressões correntes nos textos marxistas. Em resumo, um grande partido comunista do Ocidente aderia sem mais delongas ao pluralismo democrático.

Com pautas tão amplas e de certo modo as únicas a levantar essas questões nas redações brasileiras, as editorias de Política internacional despertavam durante o regime militar um interesse inédito junto ao cidadão-leitor. Isso ocorreu sobretudo durante os chamados "anos de chumbo" do governo Médici. Eram elas, essas editorias, até meados do governo Geisel, que abordavam questões vistas no Brasil como tabu, ou, segundo a terminologia oficial da época, como "subversivas".

Além disso, os leitores liam nas entrelinhas aquilo que os jornalistas informavam nas entrelinhas também. Idi Amin Dada foi um ditador caricatural e horroroso em Uganda, entre 1971 e 1979. Pois me parece que os jornais brasileiros davam àquele país africano um espaço comicamente suspeito. Atiravam-se pedras na direção de uma determinada ditadura para que a pedra caísse em uma outra ditadura bem mais próxima de todos nós.

Creio que o mesmo funcionou com relação a Jean Bedel Bokassa, ditador da República Centro-Africana entre 1966 e 1976, e que, em determinado momento, surtou e se proclamou imperador, com trajes aveludados semelhantes aos de Napoleão. Ele foi bem tratado pela França, ex-potência colonial, em nome de alianças esquisitas que procuravam conter a expansão da influência soviética em território africano.

E apenas para registro anedótico, o pobre Bokassa, que Deus o tenha, acabou deposto, preso e julgado... por canibalismo.

A redemocratização do regime brasileiro permitiu que determinados assuntos voltassem a ocupar, em outras editorias, como as de Política ou Cultura, um espaço que no fundo nunca deixou de lhes pertencer, mas que a censura não permitia que fossem pautados de um modo direto e sem limitações de angulação. Se a questão era a liberdade de organização partidária, com a redemocratização foi possível, a partir do governo do general João Baptista Figueiredo, ouvir todos os interessados, entre eles os partidos que eram de esquerda e que reemergiam da ilegalidade ou da ação mais ou menos clandestina.

Assim, a editoria de Internacional deixou de ser a única válvula pela qual o jornal muitas vezes se oxigenava com temas que estavam na agenda mundial, mas que a ditadura não permitia que fizessem parte da agenda pública interna. Com o retorno à democracia, o jornalismo internacional voltou a ter uma importância menor. Essa importância havia crescido artificialmente em razão da falta de liberdade política, que na segunda metade dos anos 80 já era novamente exercida de acordo com os bons e autênticos padrões democráticos.

Uma conclusão provisória seria então a seguinte: submetido a uma hipertrofia em seus assuntos de cobertura, o jornalismo internacional recuava a um terreno de pertinências que sempre foi o seu. Mas, como consequência, esse recuo lhe deu uma importância relativa menor dentro das redações.

O FIM DA GUERRA FRIA

Os anos 90 do século passado foram uma década em que as tensões internacionais e os conflitos localizados deixaram de apresentar como condicionante básica a Guerra Fria. Não havia mais a queda de braço entre duas superpotências. A forma de "leitura" de pequenas guerras também mudou. Não era mais preciso identificar quais eram os aliados dos Estados Unidos ou os aliados da hoje extinta União Soviética. Na América Latina, os movimentos de guerrilha (exceção da Colômbia) sumiram do noticiário porque deixaram de existir como alternativa das esquerdas para chegar ao poder. Experiências controvertidas, como a dos sandinistas na Nicarágua, entraram para os compêndios da história regional. Não eram mais assunto dos jornalistas.

A Guerra Fria, de certo modo, pautou certos enfoques, dos quais menciono um caso mais extremo e caricatural. Em certo momento de 1969, *O Estado de S. Paulo*, o mais explicitamente antissoviético dos jornais brasileiros, pediu a Carlos Lacerda que fizesse uma série de reportagens sobre a África e seus conflitos. Lacerda foi talvez o mais brilhante jornalista brasileiro na moderna história republicana. Líder da finada UDN, por ela disputaria a Presidência da República nas eleições diretas de 1965, que não chegaram a ocorrer porque nenhuma ditadura tem o mau gosto de ser plebiscitada nas urnas.

Pois bem, Lacerda publicou em 1969 textos virulentos contra a eventual independência de Angola, Moçambique, Cabo Verde e Guiné-Bissau, então colônias portuguesas, nas quais guerras ou movimentos políticos de independência tinham por objetivo a ruptura dos vínculos com a metrópole. Lacerda acreditava que a possibilidade de as lideranças internas desses países se aliarem aos russos representava um perigo maior que o reconhecimento do princípio da autodeterminação dos povos. E ainda, por tabela, ele e o *Estadão* se posicionaram retrospectivamente contra a independência da Argélia, que obtivera sua liberdade ao custo elevado de uma guerra anticolonial contra o Exército francês.

O fim da polarização – e o problema deixa de ser agora essencialmente brasileiro para fazer parte das preocupações do jornalismo internacional de qualquer outro país – levantou no entanto um outro pacote de questões. O noticiário passou a lidar com uma única superpotência, os Estados Unidos. Que conviveram desde então com três formas diferenciadas de comando.

O primeiro delas coincide com a presidência republicana de George Bush, o pai. Foi um momento de certa hesitação. Sabia-se que os Estados Unidos seriam a partir daquele momento a única superpotência, mas não se elaborara ainda uma diretriz própria à nova situação. No entanto, foi durante a administração Bush que o Iraque invadiu o Kwait (1990) e foi dele desalojado pela Guerra do Golfo (1991), com a cobertura de uma resolução do Conselho de Segurança da ONU.

Foi uma guerra consensual para os padrões diplomáticos e éticos das médias potências da Europa e para os países, como Brasil, México, Índia ou Japão, que exercem alguma forma de liderança regional. Saddam Hussein, além do óleo cru iraquiano que já era seu, apoderava-se de uma parte significativa das reservas internacionais de petróleo. Mas a guerra que o fez recuar não teria sido tão consensual caso a URSS ainda fosse uma superpotência. Ela estava para ruir e sumir do mapa político-internacional. Nos anos 70, durante a chamada "era Brejnev", os soviéticos teriam possivelmente se posicionado ao lado do Iraque. É também verdade que Moscou teria exercido seu direito de veto nas discussões do Conselho de Segurança, o que inviabilizaria uma cobertura diplomática para desalojar o Iraque do Kwait.

O segundo momento coincide com a presidência democrata de Bill Clinton. Os Estados Unidos tiraram as consequências do fato de serem a única superpotência. Foi o período da ampliação da Aliança Atlântica, da Otan, à qual aderiram países como a Polônia ou a República Tcheca, que anteriormente faziam parte da esfera de influência soviética. Acredito que Clinton tenha feito a mágica de isolar a Rússia, sem no entanto despertar o hipernacionalismo pan-eslávico que poderia levar Moscou a exercer ambições expansionistas na Europa e na Ásia Menor. Desta vez não mais em nome do socialismo, mas sim de uma cultura explosiva, porque baseada em valores étnicos (os eslavos) e religiosos (o cristianismo ortodoxo). Em compensação, os norte-americanos foram leais para com seus aliados na Europa e juntaram-se a eles para pôr fim ao conflito da ex-Iugoslávia. Transmitiam como recado aos integrantes da Otan que não permitiriam que, dentro deles, conflitos internos provocassem uma secessão territorial como a que estava por detrás do conflito na Bósnia.

O terceiro estilo de comando é bem mais controvertido e recente. Ele coincide com o mandato do presidente republicano George W. Bush. Que reagiu ao 11 de setembro primeiramente com a Guerra do Afeganistão e, em seguida, com a deposição de Saddam Hussein no Iraque, desta vez sem mandado das Nações Unidas e com a oposição, entre os membros permanentes do Conselho de Segurança, da França, Rússia e China.

Algo de importante aconteceu no curso desses últimos episódios. Foi uma mudança na teoria que rege o convívio pacífico entre os integrantes da comunidade internacional. A teoria tradicional diz que um país ataca militarmente um outro país para se defender de uma ameaça iminente ou quando alguma forma de agressão militar já está desencadeada. Ou seja, a guerra é uma reação a algo que já existe e é palpável e concreto. A chamada "doutrina Bush" é bem diferente. Ela se baseia na chamada guerra preventiva. Os Estados Unidos atacam um inimigo – e é uma receita muito explícita em documentos ou declarações oficiais – pelo potencial de ameaças que esse determinado país pode oferecer.

A ideia então é destruir por meios militares o que esse outro país possui de modo ainda embrionário, para evitar que esse embrião cresça e se torne uma ameaça real. Com a "guerra preventiva" há um espaço muito nítido de discussão. Não precisamos, nós jornalistas, empanturrar o leitor com toda a teoria política e militar que está por detrás dessa mudança. Mas precisamos insistir no fato de uma mudança ter ocorrido e também no fato de ela gerar novos problemas para o convívio entre as nações.

Lidar com os Estados Unidos é a grande pedra no sapato do jornalismo internacional. Se anteriormente alguns jornais se alinhavam aos valores representados por Washington em nome da ameaça à democracia que a Guerra Fria enxergava na política soviética, passou-se, no momento seguinte, a praticar um enfoque mais cuidadoso, mais temperado de prudência. A guerra ao terrorismo de George W. Bush meteu os pés pelas mãos. Criou um monstro jurídico que foi a transferência de 660 supostos terroristas islâmicos à base de Guantánamo, no Caribe, sem que os réus tivessem direito à defesa ou a julgamento pelos fatos que lhes eram coletivamente imputados. Os Estados Unidos também atribuíram a Saddam Hussein a posse de arsenais de destruição em massa e alianças virtuais com o extremismo islâmico que não foram finalmente comprovadas.

Os jornais, norte-americanos ou não, raramente adotaram acriticamente os critérios defendidos por Washington para levar adiante sua política de neutralização de regimes "bandidos" (*"rough"*), dentro dos quais frutifica o ódio ao Ocidente e nos quais grupos como a al Qaeda e organizações congêneres recrutam terroristas e planejam atentados. Ao mesmo tempo, e isso já justificaria uma dezena de livros em separado e dedicados exclusivamente ao assunto, não foi mais possível raciocinar com a equação segundo a qual, no sempre borbulhante Oriente Médio, haveria no fundo um jogo entre os Estados Unidos, aliados de Israel, e as contrapartidas árabes (e especificamente palestinas) com simpatias explícitas dos soviéticos.

Os bons jornais de qualquer país jamais adotariam uma postura panfletária contra a arrogância que os Estados Unidos por vezes demonstram. Noticia-se – e muito bem! – aquilo que eles alinham entre seus argumentos. Mas ao mesmo tempo se oferecem ao leitor análises que permitam enxergar outros ângulos dos problemas envolvidos. Essas análises devem partir de especialistas entrevistados, de textos que muitas vezes as próprias agências distribuem com contrapontos instrutivos.

Uma observação importante, antes de prosseguirmos. Devemos nos lembrar que o leitor da editoria Internacional faz parte de um segmento minoritário e mais bem informado do leitorado. É um leitor que possui critérios menos provincianos e mais metropolitanos de interesse. Política internacional não é algo que nos interpele de maneira imediata, como um escândalo de corrupção no Congresso, ou então o saneamento básico, o transporte urbano e os índices de criminalidade na cidade em que moramos. Em outras palavras, esse leitor tem um grau de exigência para com seu jornal que deve ser respeitado por meio da obediência a certos princípios como o pluralismo de fontes às quais damos a palavra, e o apartidarismo, que consiste sobretudo em não implantarmos um clima de polarização que se tornou anacrônico após a Guerra Fria, mas desta vez tomando a única superpotência como a suposta bandida dentro de um mundo habitado por diferentes mocinhos.

Uma das grandes conquistas teóricas de nosso Ocidente foi sabiamente codificada no século XVI. Naquela época, em Florença, dissociou-se pela primeira vez a política da teologia. O governante não precisava atrelar suas decisões à ideia de "bem", tal qual ela era definida pelos porta-vozes de Deus. Vocês com certeza desconfiam que estou me referindo a Maquiavel e a seu capital texto político, *O Príncipe*. Em outras palavras, não há mais uma única resposta certa a determinado problema criado por uma situação de conflito. O chato nisso tudo, e não vou mais me estender, está no fato de muitas vezes o jornalista acreditar que é o portador dos critérios do bem e do mal. Os Estados Unidos não são nem o mal nem o bem. Por desconhecimento disso, o jornalista julga algumas vezes ser o proprietário exclusivo das verdades.

E se enterra pelos pés e pelas mãos no lodaçal ético e deontológico para o qual tentará arrastar o leitor e o deixará com toda a razão irritado.

UM JORNALISMO MAIS CARO

Vejamos agora o jornalismo internacional sob o ângulo de seus custos. Nos anos 70, os grandes jornais, como afirmei há pouco, mantinham expatriadas grandes equipes de correspondentes. Hoje, no entanto, e a exemplo das principais empresas de mídia, esses jornais enfrentam problemas financeiros. Estão excessivamente endividados. Não é algo que possa mudar em alguns meses ou alguns anos. O problema é crônico. Há com isso uma tendência ao corte generalizado de despesas. É também previsível que nenhuma dessas empresas se disponha a enviar ao exterior uma equipe numerosa de correspondentes.

Há cerca de 25 anos, *O Estado de S. Paulo* – que duas décadas antes chegara a manter uma sucursal em Paris – possuía dez correspondentes permanentes. A *Folha de S.Paulo* possuía sete, enquanto o *Jornal do Brasil* e *O Globo* andavam com equipes em número equivalente. Eram equipes pagas em dólar, com custos que aumentavam exponencialmente em razão da inflação elevada daquele período.

A crise brasileira da dívida externa, no início dos anos 80, levou à adoção de um primeiro pacote de redução desses efetivos. Consequência imediata da decisão: parte dos correspondentes foi repatriada, e uma parcela maior das tarefas necessárias à produção e ao fechamento das editorias de Política internacional passou a ser feita por jornalistas que atuam dentro das próprias empresas, como redatores, tradutores, arte-finalistas e editores.

Desde então a economia brasileira atravessou altos e baixos. Digamos para simplificar que os bons momentos (como o Plano Cruzado, em 1985, o Plano Real, em 1994) não duraram o bastante para recriar uma cultura interna nas empresas jornalísticas que as levasse a expatriar equipes de correspondentes tão numerosas como as anteriores. E, pela mesma razão, as tarefas das editorias de Política internacional continuaram a ser cada vez mais atribuídas aos jornalistas que trabalham nas redações. Essas equipes internas, mesmo se bem remuneradas, o foram em cruzado, em cruzeiro ou o são nos últimos anos em real. A mesma moeda em que são vendidas assinaturas, publicidade e classificados, que são as fontes de receita dos jornais.

Conclusão provisória desse diagnóstico: passou-se a exigir mais dos redatores das editorias internacionais. A demanda por uma melhor qualificação cresceu consideravelmente.

A INTERNET E A MORTE DO REDATOR

A palavra "revolução" é utilizada pelos publicitários para designar tanta bobagem lançada no mercado que raramente temos a oportunidade de designar algo como verdadeiramente revolucionário. Pois a Internet foi uma revolução de verdade para o jornalismo internacional.

Ela fez com que o redator abandonasse seu papel passivo diante dos telegramas das agências. Deu a ele um poder de intervenção inimaginável na elaboração mais pessoal de um texto noticioso. De certo modo, desapareceu ou se tornou bem mais tênue a fronteira que separava o redator do repórter. O redator também pode – e deve – apurar.

As agências internacionais pensam em um cliente abstrato ao redigirem seus despachos. Esse cliente pode ser uma emissora de rádio da Tailândia, uma revista semanal da Bélgica ou um jornal diário do Brasil. Digamos que esses despachos constituem um produto padrão, um bolo que seria capaz de suprir mais da metade das necessidades de uma editoria de noticiário externo. A competência jornalística consiste em colocar uma linda cereja nesse mesmo bolo antes de servi-lo ao leitor.

Até o início dos anos 90, a receita para incrementar esse bolo tinha limitações em seus ingredientes. Eram os anuários ou almanaques com dados políticos, econômicos e históricos de cada país, era a leitura de grandes reportagens ou artigos de fundo em publicações estrangeiras que tinham um custo elevado de assinatura e chegavam com grande atraso às redações daqui, eram os arquivos de recortes ou bibliotecas. A Internet traz tudo isso. E traz bem mais.

Vamos trabalhar por alguns momentos com um exemplo concreto. Se estou escrevendo sobre a Líbia, posso consultar em primeiro lugar o arquivo do *Guardian* ou do *Le Monde*, que têm alta sensibilidade para questões norte-africanas. Posso, a partir dessa consulta, ter acesso à entrevista dada há meses por algum cientista político britânico ou francês.

Em seguida, colocarei o nome do especialista em um programa de busca ou entrarei no *web site* da universidade ou no centro de pesquisas em que ele trabalha. Terei acesso a textos que ele escreveu e poderei enviar para ele um *e-mail* com três ou quatro perguntas. Se ele responder, tenho já uma entrevista que funcionará como um texto de apoio.

Antes da Internet, essa forma de pesquisa não era de todo inviável. Mas ela seria demasiadamente demorada. Com certas desvantagens, que eu chamaria, eufemicamente, de pessoais: se obtenho com um professor universitário brasileiro o telefone de um outro professor universitário, alemão e especialista em Líbia, ficarei devendo um favor para minha fonte brasileira. Ela talvez queira cobrá-lo sem que eu considere que isso seja justo. Com a Internet, não devo favores a ninguém na localização de minhas fontes.

Antes da Internet, além do mais, qualquer movimentação telefônica pelo mundo significava uma grande despesa para a empresa em que trabalho. Agora, não. A Internet é uma ferramenta barata e de extrema maleabilidade para buscar opiniões de especialistas e informações que contextualizem a matéria bruta que as agências nos entregam.

Retornando ao mesmo exemplo da Líbia: se em determinado momento ela está em evidência, eu entrarei no *web site* da Casa Branca para saber o que foi dito sobre ela no *briefing* do porta-voz do presidente dos Estados Unidos. Entrarei em seguida no *web site* do Departamento de Estado, que tem armazenados relatórios sobre direitos humanos e respeito à liberdade religiosa de cada um dos quase duzentos países do planeta. Em Londres, consultarei o *Foreign Office* e, em *Paris*, o *Quai d'Orsay*, que são os ministérios do Exterior nessas duas capitais.

Como obter cifras econômicas e demográficas as mais atualizadas sobre a Líbia? Pois existe uma enciclopédia eletrônica chamada *The World Fact Book*. É feita pela CIA, o serviço norte-americano de inteligência. É provável que a CIA não seja uma instituição simpática para muitos de nós. Mas ela é competente, e o anuário que ela prepara é permanentemente atualizado.

Poderei ainda entrar no *web site* da Anistia Internacional ou do Human Rights Watch e obter os últimos relatórios sobre a situação dos direitos humanos na ditadura líbia. Saberei por esses *sites* se há dirigentes da oposição presos e tentarei saber se algum partido no exílio tem *web sites* com documentos ou porta-vozes para serem entrevistados por telefone ou *e-mail*.

A Internet também escancarou diante de nossos olhos algo que já existia de modo muito discreto no mundo das informações não oficiais: as universidades têm centros de estudos que antes poderíamos conhecer por suas revistas especializadas (sobre o mundo árabe, por exemplo); hoje, sua documentação é acessível *on-line*. Lá estão os professores que entendem de centenas de assuntos. Com o curso que estão dando, endereço eletrônico e número do telefone de suas salas.

E há também os centros de estudos que funcionam fora das universidades, como *lobbies* oficiosos de orientação conservadora ou liberal. Eles estão nos Estados Unidos, no Reino Unido, na Alemanha, na Itália, na França, no Japão. É provável que, a cada dez centros de estudos sobre questões estratégicas, oito tenham alguém que entenda de Líbia, para voltarmos ao nosso caso específico.

E agora uma observação importante: é comum mencionarmos o fato de o jornalista redigir bem melhor na medida direta de sua superinformação. Explico: se, ao escrever determinado texto, utilizo 80% das informações de que disponho, estarei quase no limite da necessidade de me superinformar. Deixarei de lado apenas 20% daquilo que eu sei. Mas se a proporção for inversa – utilizarei só 20% daquilo que sei – a superinformação, aquilo que não será utilizado diretamente, servirá para que eu hierarquize os fatos, escolha uma palavra forte em lugar de outra menos carregada de sentido no vocabulário diplomático. Ou seja, serei capaz de entregar ao leitor um texto, por menor que ele seja, incomparavelmente melhor.

O ponto a que quero chegar é o seguinte: a vantagem da Internet está em permitir que a margem de superinformação cresça de maneira extraordinária. Minha matéria-prima não será apenas formada pelos quatro ou cinco telegramas de duas ou três agências internacionais que deram determinada notícia. Eu terei diante de mim, na tela de meu terminal, pequenas monografias que detalham os antecedentes do assunto que estou tratando. E também uma contextualização histórica mais ampla que as agências, obviamente, não fornecem ou, no máximo, transmitem sob a forma de aposto, escondido no meio de seus despachos.

Vejam que o uso da Internet não substitui a existência de uma boa rede de correspondentes. Mas a falta dessa boa rede é em parte compensada por profissionais familiarizados com os múltiplos recursos disponíveis na rede mundial de computadores. Esta é a "revolução" que o jornalismo atravessou nos últimos dez anos. Essa reviravolta qualitativa beneficiou também outras editorias do jornal. Mas as editorias de Política internacional têm diante de si um potencial infinitamente maior. Não tanto para que agrademos nossos chefes com a qualidade e o enriquecimento de nossos textos. Mas para que possamos dar ao leitor algo que o surpreenda por informações inusitadas, hierarquizadas com competência. A cereja no bolo, em suma. Voltaremos mais uma vez a esse assunto.

A CELEBRIDADE

Um outro lote de observações, desta vez tampouco exclusivas ao Brasil. Acredito, para resumir e lançar uma provocação, que o jornalismo deixou de se encantar com as personalidades e passou a se deliciar com as celebridades.

O que basicamente diferencia essas duas categorias de pessoas é o conteúdo que elas transportam. As primeiras, as personalidades, são notícia na medida em que têm currículo político, carreira acadêmica, capacitação artística. Mas, as segundas, que em circunstâncias normais apenas seriam notícia caso sofressem um atropelamento insólito ou cometessem um crime hediondo, acabaram por contaminar o noticiário por causa da vida amorosa que levam, pelos lugares que frequentam, pelos pratos que experimentam ou pelos clichês discursivos com que exprimem opiniões da mais dolorosa banalidade.

A celebridade não é exclusiva do jornalismo internacional. Mas ela é um de seus estados patológicos, uma espécie de aberração constante. Podemos ignorá-las, é claro. Mas sempre de algum lugar virá alguma forma de demanda ou de cobrança. "Por que é que vocês não deram nada do casamento da cantora x?". Bem, poderíamos responder, foi porque a senhorita em questão é notícia apenas na medida em que canta, e porque suas atividades alheias ao calendário de shows ou à indústria fonográfica são meras fofocas para uso de colunas mundanas. Tal resposta será considerada pedante. Raramente a aceitariam em uma redação de jornal.

É sempre inevitável que uma parte do noticiário tenha uma vertente daquilo que a mídia norte-americana passou a chamar de *"people"* (gente, numa tradução corrente por aqui). Um dos pais da versão inteligente dessa cria chamava-se Henry Luce (1898-1967). Foi ele quem fundou e dirigiu a partir de 1923 a revista *Time*, que se tornaria uma espécie de modelo internacional de publicações semanais de informação.

Luce também evitou que a personalidade fosse tratada como o sujeito exclusivo da ação que se torna notícia. Ele sabia que os fatos são sempre construções factuais complexas, que no mínimo envolvem sujeitos coletivos. As guerras modernas, por exemplo, nunca são desencadeadas em razão da implicância pessoal de determinado governante com o futuro inimigo que lhe parece antipático. Guerras envolvem raciocínios estratégicos e econômicos. Envolvem uma parcela significativa da sociedade. Seria anedótico e pueril acreditar que determinado presidente sonhou certa noite que os alemães eram muito malvados e, no dia seguinte, antes do café da manhã, chamou seus generais e determinou que eles bombardeassem Berlim. O jogo narrativo estaria bastante simplificado, o que ocorre com certa frequência na imprensa popular, onde o sujeito da notícia, por uma espécie de primarismo, aparece invariavelmente centralizado em um único indivíduo.

A revista *Time* também criou com Luce uma espécie de chiqueirinho gráfico em que se confinavam as personalidades que haviam feito alguma coisa de interessante ou insólito na semana, como estrear uma peça, ser operada de apendicite, falecer ou tornar-se mãe de um bebê. Era a coluna *People*, copiada por dez entre cada dez revistas semanais de todo o mundo.

Se perguntarmos aos nossos vizinhos de prédio ou amigos que estão conosco em determinado jantar qual foi a grande notícia da ramificação *"people"* do século XX, é bem provável que alguém responda ter sido o assassinato do Beatle John Lennon, em 1980, ou então o acidente de automóvel que matou em 1997 a princesa Diana. Pois as duas respostas estariam incorretas.

O grande episódio *"people"* do século ocorreu em 10 de dezembro de 1936. Foi quando Edward Albert Christian George Andrew Patrick David, prenome completo do rei britânico Eduardo VIII, abdicou ao trono, a que chegara em 20 de janeiro daquele mesmo ano, para poder casar-se com a divorciada norte-americana Wallis Warfield Simpson.

Uma história com algumas toneladas de ingredientes sentimentais. Além de envolver toda a política do Reino Unido, país na época bem mais relevante que hoje.

Entre os contemporâneos da abdicação de Eduardo VIII, havia personalidades incríveis no noticiário dos jornais. Sigmund Freud estava vivo e ainda morava na Áustria, de onde emigraria para Londres e morreria em seguida de câncer. O teólogo, filósofo, organista e médico Albert Schweitzer era um personagem brilhante; cuidava de leprosos na África e receberia em 1952 o Prêmio Nobel da Paz. Wilhelm Furtwängler era o regente titular da Filarmônica de Berlim, e Arturo Toscanini estava para criar em Nova York a Sinfônica da NBC. Em meados dos anos 30, Hollywood já tinha uma intensa e fútil vida mundana, mas a imprensa também abria espaço para que personalidades com currículo mais denso se tornassem igualmente notícia.

Longe de mim insinuar que as personalidades de hoje não têm o brilhantismo intelectual ou o peso biográfico daquelas que foram notícia tantas décadas atrás. Mas perto de mim afirmar de forma explícita que estamos hoje muito mais próximos do modelo bocomocho das celebridades do que do modelo das personalidades.

Há uma razão básica para isso. Nos últimos setenta anos, ocorreu uma democratização formidável do ensino em praticamente todos os países do mundo. Nessas duas ou três gerações, o analfabetismo tornou-se residual ou desapareceu por completo. Há mais gente que sabe ler, há mais leitores de jornais e revistas. Mas esse novo leitor chega ao mercado de informação com uma propensão reduzida ao raciocínio abstrato. Compreende com mais facilidade o noticiário do estilo *"people"*. Provém dele a demanda pelas notícias geradas pelas celebridades. Isso não é bom nem é ruim. É uma realidade com a qual precisamos contar.

O filósofo alemão Theodor Adorno (1903-1969) pode nos ajudar a entender o que aconteceu. Ele é o autor de uma teorização sistemática sobre a cultura de massa. Por ela, digamos, uma cantora deixará de ser importante em razão das técnicas interpretativas que utilizou, pelo timbre de sua voz ou por sua relevância ou desimportância em determinado repertório. Ela no entanto chamará a atenção por fatores externos à música, como a cor de seus lindos olhos, a roupa que estava vestindo em certa apresentação, os perfumes que andou comprando ou seu apego aos animais em extinção. Esses fatores agregados passam a funcionar como "fetiche" da mercadoria cultural.

Eu acrescentaria que o noticiário internacional está exposto a uma maré cada vez mais invasora de fetichização. O fetiche é uma das portas que leitores de menor escolaridade utilizam para ter acesso às notícias. Uma parcela significativa dessa cultura de massas é produzida nos Estados Unidos, onde a antiga cultura de elite perdeu espaço para uma produção feita sob medida para o entretenimento de uma classe média que emergiu há apenas três ou quatro gerações. A fronteira entre jornalismo e entretenimento nem sempre é muito nítida. E sabemos o quanto o *showbiz* investe em notícias superficiais para melhor vender seu produto.

Como o Brasil é um dos mercados que consomem produção norte-americana, é inevitável que tentem utilizar seu jornalismo como tubo condutor de fofocas. Lembrem-se de que a celebridade não produz fatos jornalísticos. Ela é programada para produzir fetiches, no sentido que Adorno dá à palavra. O que vale para a celebridade externa, a que nos preocupa no jornalismo internacional, como para a celebridade fabricada por aqui mesmo, o que já não é mais da minha conta.

LEWINSKY E A NÃO NOTÍCIA

Chegamos agora a algo fundamental para nossa reflexão. Proponho que vocês façam um esforço de memória e se recordem de uma moça chamada Monica Lewinsky. Ela esteve no centro de um escândalo sexual e político que o mundo inteiro consumiu segundo as receitas mais próprias às celebridades. Em 1997, a senhorita em questão era estagiária administrativa na Casa Branca. Teve uma aventura sexual com o presidente dos Estados Unidos, Bill Clinton. O fato veio a público, e uma rede de interesses identificados na direita do Partido Republicano ganhou de presente um bom argumento para desestabilizar o presidente eleito pelo Partido Democrata. Ou até eventualmente derrubá-lo. Seguiram-se semanas e semanas de noticiário mórbido. Lewinsky não havia lavado um vestido em que trazia a mancha de esperma deixada por Clinton. Outra aventureira, suposta amante do presidente quando ele era governador do Estado de Arkansas, aparecia para entrevistas em todo e qualquer *talk show*. Acompanhava-se com uma curiosidade um tanto sádica as reações da sra. Clinton à exposição em público da infidelidade do marido.

A dimensão que o caso alcançou pode ser demonstrada por algo que em outra circunstância seria apenas anedótico. Na agenda do noticiário internacional de janeiro de 1998, o fato mais importante seria a visita do papa João Paulo II a Cuba. As redes de televisão norte-americanas pediram algo como 250 credenciais para o envio de jornalistas à ilha. Eis que estoura o escândalo Lewinsky. Cerca de um terço das credenciais não chegou a ser utilizada. A cobertura da visita do papa foi feita com equipes menores. Aqueles que não embarcaram para Havana estavam retidos nos Estados Unidos e pautados para acompanhar o caso da estagiária que fizera alguma forma de sexo com o presidente. E o pobre do Papa ganhou menos espaço no noticiário do telejornalismo dos Estados Unidos porque a pauta que funcionaria como filé mignon do noticiário era bem menos católica ou cristã. Tratava-se, obviamente, do escândalo sexual.

O caso Lewinsky, com as implicações políticas que carregava e com o roteiro de desestabilização desencadeado por grupos no Congresso e no Judiciário, não foi propriamente algo apenas "*people*". Mas se não preexistisse na mídia uma curiosidade mais para "*people*" é possível supor que o caso Lewinsky nem sequer tivesse decolado no noticiário. A rigor, um presidente é alguém que chefia o Executivo. Se ele toca saxofone (era o caso de Clinton), gosta de comer *paella* ou tem um cachorro labrador, tudo isso não tem a menor importância, a não ser como "fetiches" (lembro mais uma vez Adorno) agregados como atributos secundários a seu estatuto primordial de governante.

Eu chamaria a atenção ainda para um outro detalhe importante. É possível que os dois mais populares presidentes dos Estados Unidos no século XX tenham sido Franklin Delano Roosevelt e John Fitzgerald Kennedy. Biógrafos de ambos, quando eles já estavam mortos, relataram coincidências bem menos ingênuas que o fato de os dois terem sido eleitos pelo Partido Democrata. Tanto um quanto outro tiveram intensas atividades extraconjugais. Mas em nenhum momento a mídia, que tinha conhecimento dessas histórias, tomou a iniciativa de torná-las públicas.

Podemos então nos perguntar as razões pelas quais FDR e JKF fizeram sexo escondidinho, enquanto Bill Clinton teve sua extraconjugalidade exposta de uma maneira tão despudorada, segundo essa estrutura de narrativa histriônica e quase circense.

A resposta não é simples, e textos bastante densos chegaram a ser escritos sobre o assunto. No caso dos dois primeiros presidentes, respeitava-se a fronteira que separa a vida pública da vida privada. Quando chegou a vez de Clinton, essa fronteira havia desaparecido. Sua aventura sexual se incorporou à vida pública, e a imprensa passou a noticiá-la sem o menor pudor. Na imprensa norte-americana o assunto foi doméstico, de política interna. Na imprensa de outros países, como o Brasil, foi algo pertinente para as editoriais Internacionais. Só por isso é que eu me detive tão longamente nesse assunto.

Acredito pessoalmente, e formulo essa hipótese com certo cuidado, que uma das razões que tornou possível essa metamorfose nas pautas jornalísticas está justamente na lógica cada vez mais invasora que as celebridades trouxeram ao noticiário, já que foram as celebridades que passaram a pressupor o fim da distinção entre o público e o privado. O público é a voz ou o repertório de um cantor, o privado é sua vida mundana e pessoal. A partir do momento em que os dois planos se misturam no *show-business*, é provavelmente inevitável que a mesma mistura passe a existir na demanda por notícias de um personagem essencialmente político, seja ele ou não o presidente dos Estados Unidos.

As celebridades surgiram no discurso da mídia com base em um pressuposto um tanto simplista pelo qual todo e qualquer fato possui um único agente. Mais ou menos como a ideia de que toda frase tem um único sujeito gramatical. Os norte-americanos soltaram uma bomba atômica em Hiroxima? O agente gramatical e político, em 1945, teria sido o presidente Harry S. Truman. Os campos de prisioneiros soviéticos foram lotados de dissidentes na Sibéria nos anos 30? O agente teria sido o ditador Josef Stalin. Os franceses de juntaram na clandestinidade para expulsar os alemães que ocupavam seu território durante a II Guerra Mundial? Foi coisa do general Charles de Gaulle.

Digamos que todas essas afirmações têm uma parcela de verdade. Os três personagens citados tinham poder de comando e de decisão. Mas o que prevaleceu nos três casos não foram suas vontades individuais.

A elas coexistia uma lógica coletiva, que envolvia centenas e milhares de personagens anônimos. Ao omitirmos essa dimensão coletiva e por isso mais impessoal dos acontecimentos, estamos negando algo muito mais relevante que é o processo histórico.

As celebridades são invariavelmente agentes de si mesmas. Fazem parte do cenário mundano. Aplicar a personagens da história política e militar a mesma lógica narrativa na qual as celebridades se enquadram é obscurecer os fatos em lugar de explicá-los. O jornalismo – e passo a abordar a questão do ângulo que nos interessa – não pode se apequenar, fornecer da atualidade uma visão que será em seguida negada pelos historiadores. Precisamos explicar esse lado coletivo dos fatos, discorrer sobre os interesses coletivos que eles implicam. Caso contrário, estaremos caindo no estereótipo pelo qual a bomba atômica, o *gulag* e a Resistência Francesa não passam de fatos enquadráveis na coluna *"people"* de qualquer jornal.

Ou para sermos um pouco mais explícitos em questões que fazem parte das pautas de hoje em dia: Saddam Hussein foi obviamente um homem do mal, um péssimo caráter, mas sua emergência não seria possível sem um modelo autoritário de Estado, construído pelo partido Baas, no Iraque, para forçar uma modernização econômica à qual resistiam as lideranças islâmicas muitíssimo fortes em todos os recantos da sociedade árabe. Iasser Arafat, o presidente da Autoridade Nacional Palestina, foi e continua eventualmente a ser um encorajador de atos terroristas; mas as reivindicações nacionais de seu povo não se resumem a ele e são também defendidas por setores modernizantes do empresariado e da vida acadêmica na Cisjordânia, setores que defendem formas mais impessoais de instituições, que dispensam lideranças carismáticas.

Um último caso igualmente muito familiar para todos nós: George W. Bush tornou-se um exemplo de arrogância na comunidade internacional ao acreditar que os interesses internos norte-americanos se sobrepõem às evidências globalizadas do aquecimento gradativo do planeta. Mas não foi ele, como pessoa, que rejeitou os Protocolos de Kyoto, negociados dentro das Nações Unidas antes que ele chegasse à Casa Branca. Foram interesses industriais, interesses difusos de grupos econômicos que se chocam contra interesses ambientais. Nesse processo, Bush foi um simples porta-voz. Seria um equívoco simplista vê-lo como um agente isolado, como alguém cuja vontade individual se transforma em norma para o consumo coletivo.

De certo modo, e estou sendo propositalmente redundante, a visão de que o poderoso governante é inspirado pelos deuses e toma decisões individualmente se fundamenta na ideia de que todo episódio de política internacional possui um agente de carne e osso, com CPF e RG. Não é bem assim entre os historiadores. E felizmente também não deveria ser bem assim entre os jornalistas, por mais que a celebridade como sujeito gramatical de fatos sempre nos faça cair na tentação de enxergar a simplicidade da verdade imediata e visível, de não tentar descobrir a complexidade da verdade mais complexa que exige de nossa parte paciência e um conhecimento maior.

Para resumir, não estou afirmando que as celebridades foram responsáveis pela individualização indevida do fato histórico ou do fato jornalístico. Estou, isto sim, dizendo que a celebridade e a individualização indevida têm a mesma matriz ideológica. Pensem um pouco a respeito. Será uma reflexão de extrema utilidade.

Eu terminaria essas observações com um episódio caricatural. No começo de 2001 algo de meio escandaloso passou despercebido. A CNN em espanhol transmitia a chegada dos convidados para a cerimônia da entrega do Oscar, em Los Angeles. Uma repórter que transmitia da calçada comoveu-se com tantas "estrelas" desfilando diante de seus olhos. E passou a usar a palavra "estrela" com um certo embargo na voz. Não havia o mínimo distanciamento com relação à notícia. A repórter, pobrezinha, deixava-se ofuscar pela mitologia em que a mergulharam. Emocionou-se com as estrelas e pronunciava a palavra estrela como se fosse a designação científica de seres altamente excepcionais.

Caso eu precisasse fazer recomendações, eu me limitaria a apenas duas delas. A primeira diz respeito à impossibilidade de deixarmos de fornecer ao leitor algo que faz parte de seu cardápio de curiosidades. Jornalismo não é uma atividade ensaística ou de elite. A celebridade, então, tem sua parte no noticiário. A segunda diz respeito à maneira de enfocar a celebridade. Poderemos aderir à lógica discursiva com que ela atua, ou então poderemos encontrar formas inteligentes para escapar dessa lógica. É mais trabalhoso, mas é a meu ver o único caminho que impediria que nos tornássemos cúmplices desse mecanismo discursivo.

Se determinada cantora *pop* está no centro de um pseudofato, vamos contextualizá-lo, procurando em *web sites* outras oportunidades em que a personagem procurou formas semelhantes de se expor em público sua vida privada, informar o leitor o lucro comercial que ela obteve por meio do artifício. Temos o dever de exercer o direito ao distanciamento, de praticar uma ponta de ironia. O leitor inteligente nos compreenderá. Pensemos prioritariamente nele. E sejamos tão inteligente quanto ele.

CAPÍTULO III

O fim das velhas paixões

No final dos anos 60, quando comecei a fazer Jornalismo, um mapa-múndi com um coração pulsando dentro dele era uma característica comum entre redatores e editores de internacional. Talvez nem seja preciso explicar o que isso significa. Éramos pessoas apaixonadas por alguma coisa, mesmo se nossas paixões fossem deixadas de lado durante o período diário de expediente em nossas redações.

Se nos sentíamos como cidadãos com afinidades de esquerda, sabíamos em que lugar do mapa-múndi essa corrente política estava avançando e em que lugar ela enfrentava alguma forma de revés. Se nosso engajamento era o sionismo, tínhamos muito clara não apenas a localização de Israel e de todo o Oriente Médio, mas também uma geografia que separava com nitidez países aliados de países hostis. Prendemos a respiração durante a Guerra dos Seis Dias, em 1967. E se nosso engajamento possuía um conteúdo liberal, se temíamos o avanço do comunismo, éramos capazes de tolerar por sua dimensão terapêutica uma ditadura conservadora e com frequência festejávamos derrotas eleitorais da esquerda.

A ideia de militância era então essencialmente política. Outras formas de militância surgiriam depois. As ONGs ainda não existiam, existiam pouquíssimas associações que foram no fundo precursoras delas. Não tínhamos no leque de nossas opções o engajamento ao lado dos sem-teto ou de deficientes. Os ambientalistas apareceram só nos anos 70, de início na Alemanha. E os direitos humanos, em termos globais, ainda engatinhavam em Londres como estrutura engajada a partir do embrião plantado em 1961 pela Anistia Internacional.

O engajamento sentimental por uma causa era tão natural naquela época quanto torcer por um time de futebol. Mas o jornalista engajado não era tolo de acreditar que faria do jornalismo uma ferramenta de sua causa. Ele deixava a política no vestiário antes de entrar na redação, se é que faz sentido comparar um redator com um cientista, tal qual ele fora concebido no final do século XIX pelo positivismo. O cientista, dizia-se na época, deve deixar ideologias e preconceitos no vestiário antes de entrar no laboratório.

Para nós, jornalistas, o desengajamento no momento do trabalho era e continua a ser uma forma de sobrevivência profissional. Os mais ingênuos não chegaram a fazer carreira em jornalismo. Foram demitidos por suas empresas, comprometeram de boa-fé pessoas com as quais trabalhavam ou caíram (com o perdão do chavão) na malha da repressão da polícia política. Talvez sejam hoje felizes proprietários de postos de gasolina ou de uma franquia estrangeira de tinturaria de lavagem a seco.

O que quero dizer é simples. O engajamento em nossas vidas pessoais era uma forma de conhecimento do mundo, era uma condição frequente que nos levava a nos motivar para entender o que acontecia fora do Brasil. Mas não era uma ferramenta para nosso trabalho de jornalista. Tínhamos a percepção de que o mundo era entrecortado por um jogo de múltiplos embates dentro dos quais nos emocionávamos por aliados ou sofríamos dilacerados por inimigos com os quais nunca teríamos nenhum contato pessoal. Em 1965, por exemplo, a esquerda brasileira sofreu com a repressão da Indonésia, onde quinhentos mil esquerdistas foram assassinados, entre eles 430 dirigentes do Partido Comunista. A Indonésia é um país distante. E continua a ser tão distante ainda hoje. Nem a Internet, nem a CNN a fizeram ficar mais perto. Mesmo assim tínhamos em detalhes motivos para abominar Mohammed Suharto, genocida e ditador local.

Pois algo de muito curioso começou a acontecer a partir dos anos 80. O engajamento político saiu da moda. Não que as pessoas se tornassem menos inteligentes. Mas a inteligência deu a si mesma o direito de vagar sem rumo pelas opções ideológicas. Passou a ser perfeitamente concebível que um ser humano com gosto pelas leituras pudesse não sentir interesses pelas questões políticas que eventualmente borbulhassem em sua vizinhança. Quase mais ninguém carregava uma bússola com o norte fornecido por valores ideológicos e partidários de antigos engajamentos. O pós-modernismo deu muitos nortes para a mesma bússola. E ninguém mais cobraria de um jovem cidadão posicionamentos não conformes ao padrão em vigor dentro de sua geração ou de sua turma.

Uma das consequências do desengajamento foi o esfriamento da relação do jornalista com o mapa-múndi. Dentro desse mapa não havia mais um coração a bater. O engajamento político, como insinuei há pouco, foi uma motivação para o conhecimento. É mais que possível, no entanto, que o conhecimento seja alcançado por meio de motivações menos apaixonadas. Temos acesso a ele quando nos interessamos por história, por exemplo. Uma história desinstrumentalizada, que não é mais aquela de que precisamos para derrotar nossos adversários (direitistas, antissemitas, esquerdistas). Podemos ter por essa história desapaixonada uma relação de afeto tranquilo. Ela nos permite saber a origem das estruturas tribais do Afeganistão e distinguir a diferença entre um emirado e um Estado de verdade no mundo árabe. Poderemos intuir o papel das reservas de cobre entre os fatores de desestabilização política da Bolívia, poderemos entender a razão que levou tchecos e eslovacos, com o fim do comunismo, a constituírem países diferentes, poderemos entender quase tudo e um pouquinho mais.

Para resumir, o que eu estou dizendo é que o amor pela história perdeu sua dimensão militante, mas a relação entre história e jornalismo internacional é uma relação ainda constante, necessária, fundamental, quase osmótica. Não se pode praticar esse ramo do jornalismo sem que se tenha uma curiosidade muito aguçada pela história.

Não é possível entender o que acontece no Oriente Médio sem que tenhamos um conhecimento mesmo rudimentar do que foi o Império Otomano, que existiu a partir de 1290 e em 1923 concluiu seu longo processo de desintegração, o que levou a França e o Reino Unido a dividirem entre si a vasta região. À França, coube o Líbano e a Síria. Londres ficou por sua vez com o Iraque, a Palestina e a Transjordânia. Bem mais que esferas explícitas de influência, há nessa estrutura de protetorado um pouco dos problemas que nos interpelam hoje, como o fato de os curdos terem ficado sem Estado próprio e se tornarem coletividades problemáticas no Iraque e na Turquia.

É igualmente impossível entender a União Europeia se não nos lembrarmos que, nos últimos dois séculos, França e Alemanha atravessaram quatro vezes a fronteira do Reno para guerrear com o país vizinho, e que a interligação de interesses econômicos se tornou uma garantia ao processo de integração e também de manutenção da paz. No início dos anos 50, o primeiro esboço de união socializou as reservas de carvão e de aço dos dois países. Ninguém mais faria guerra para incorporar o território logo ao lado por se tratar de um "espaço vital". Hoje a União Europeia está tão radical e incrivelmente integrada que não passaria pela cabeça de um general francês bombardear a Alemanha, onde estão clientes e fornecedores sem os quais a economia da França simplesmente ficaria estagnada.

É absurdamente equivocada a ideia de que o jornalista lida apenas com a atualidade. Essa atualidade pode fazer parte daquilo que é visível em seu trabalho. Mas não há competência profissional sem que tenhamos em nossas pautas uma visão clara daquilo que está historicamente por detrás da notícia e que as agências internacionais não nos transmitem em seus telegramas. Não que precisemos ser diplomados em história ou em relações internacionais. O que precisamos é manter acesa nossa curiosidade. Uma curiosidade que há algumas décadas nos chegava por meio de certos automatismos próprios ao nosso engajamento político pessoal.

Há uma notícia importante sobre o México? Consultem uma enciclopédia e leiam o verbete histórico daquele país latino-americano. Façam o mesmo se a pauta trouxer tecnologia bélica, se ela estiver colocando em destaque os grupos étnicos da Costa do Marfim ou as barreiras migratórias que vigoram na Austrália. Não somos obrigados a saber tudo, obviamente. Mas é preciso que saibamos que um despacho de agência é apenas a ignição de um processo que deve nos informar para transmitir essa informação ao leitor.

A curiosidade pela história é a meu ver o primeiro atributo necessário a um bom profissional na área de política internacional.

ADEUS, MONOGLOTAS!

Lembro-me dos tempos em que parte dos despachos que recebíamos das agências já chegava redigida em português. Não havia nisso propriamente uma grande vantagem. A tradução dos telegramas pelas agências, antes de repassá-los aos jornais que assinavam o serviço telegráfico, significava para alguns uma dupla comodidade. De um lado, a agência sugeria a solução, por exemplo, a problemas de padronização em um nome próprio (como escrever Kruchev ou Brejnev, personagens cujos nomes próprios são originariamente grafados em alfabeto cirílico?), além de problemas de padronização na designação de um cargo ou de um acordo internacional. De outro lado, o texto já em português facilitava o trabalho, tal qual ele era feito na época pelos redatores. Bastava colar com goma arábica um telegrama no outro e depois cortar ou acrescentar palavras, sublinhando cada letra que deveria ser impressa em caixa alta – os telegramas chegavam todos com letras maiúsculas.

Hoje, no entanto, podemos dizer que os telegramas em português representariam uma perda preciosa de tempo. As agências demoravam dez ou quinze minutos para traduzi-los. Se a transmissão ocorresse perto do fechamento, seriam dez ou quinze minutos a menos que o redator teria à sua disposição para acrescentar alguma informação importante de última hora ou usá-la para modificar o enfoque com que a notícia seria apresentada.

Atualmente, essa questão não é mais de atualidade pela simples razão de que as agências não dispõem mais de serviços em português. A francesa AFP, a alemã DPA, a italiana Ansa e a espanhola EFE distribuem seus telegramas em espanhol. O Brasil é um país de idioma minoritário em um mercado latino-americano em que o idioma predominante é aquele praticado por nossos vizinhos. A AP e a Reuters o fazem em inglês. Conclusão inevitável: um bom jornalista de uma editoria Internacional é aquele que terá fluência ao menos nesses dois idiomas.

Fluência não significa "entender mais ou menos" ou "quebrar o galho". É preciso mergulhar a fundo no idioma para captar certas nuanças que não permitirão apenas uma tradução correta, mas também direcionarão nossa própria percepção sobre um acontecimento.

A diplomacia utiliza com frequência uma espécie de linguagem cifrada que deve se tornar para nós familiar. Imaginemos que o presidente de determinado país se aviste com o primeiro-ministro do país vizinho em um período em que há tensão e litígio entre os dois. Caso o comunicado final mencione "uma troca de ideias construtivas", podemos ficar certos de que os governos envolvidos continuam em um impasse medonho e nada resolveram. O mesmo ocorre caso afirmem que "decidiram continuar discutindo problemas de interesse comuns". Essas sutilezas nos chegam em espanhol ou em inglês. Precisamos conhecer o idioma no qual essa espécie de gíria das relações internacionais é elaborada.

Há o caso concreto da reação norte-americana, no início de 2004, à decisão brasileira de fotografar e obter as impressões digitais de cidadãos dos Estados Unidos que desembarcavam no Brasil. Foi uma forma de responder à exigência semelhante que os norte-americanos impunham aos brasileiros que chegavam aos Estados Unidos. Lembrem-se que o problema foi abordado em um encontro entre Luiz Inácio Lula da Silva e George W. Bush. Este se comprometeu "a estudar" o que poderia fazer. O verbo, no jargão diplomático, significa não poder ou não querer fazer absolutamente nada para mudar uma situação de litígio. E, como era esperado, nada aconteceu.

Há na imprensa erros frequentes e nem por isso menos perdoáveis, como o de traduzir do inglês "*speaker*" por "porta-voz", quando em verdade a palavra designa o presidente da Mesa de uma casa legislativa. Ou então traduzir "*officials*" por "oficiais", quando a fonte em questão é civil e jamais andou fardada, já que a palavra "*official*" designa sem maiores mistérios alguém que ocupa um cargo dentro de determinado governo ou organização internacional. Ou ainda, quando o idioma original é o francês, traduzir "*prefet*" por "prefeito", quando o prefeito brasileiro equivaleria em francês ao "*maire*", e o "*prefet*" não passa de um alto funcionário da polícia ou então de um coordenador dos programas administrativos regionais, o que é na França atribuição do Ministério do Interior.

Essas armadilhas de tradução em que os jornalistas frequentemente caem se chamam, tecnicamente, "falsos cognatos". Os grandes jornais e revistas têm listas exaustivas dessas palavras e as distribuem a seus jornalistas. Apenas para efeito de ilustração eu emprestaria alguns exemplos de falsos cognatos que o programa de qualidade da *Folha de S.Paulo* elaborou.

Aqui vão eles, todos do idioma inglês.

"*Actually*", que não é "atualmente", mas "na verdade"; "*application*", que não é "aplicação", mas "inscrição", "registro" ou "uso"; "*to ban*", que é "proibir", e não "banir"; "*deputy*", que não é "deputado", mas "substituto", "vice", "adjunto"; "*ingenuity*", que não significa "ingenuidade", mas "engenhosidade"; "*novel*" é "romance", e não "novela"; "*policy*" é "diretriz" e não "polícia"; "*to resume*" é "retomar" ou "reiniciar", e não "resumir"; "*material evidence*" não é "evidência material", mas uma "prova relevante"; "*representative*" significa quase sempre "deputado".

O português é um idioma preciso, elegante. Produz grandes ideias, grandes momentos do jornalismo. Já produziu e continuará a produzir uma grande literatura e uma grande poesia. Mas não temos culpa se desde o século XVI nenhum país lusófono, ou seja, em que se fala o português, tornou-se uma potência mundial.

A importância de um idioma está diretamente associada à influência econômica e política dos países que o falam. No século XIX, as elites oligárquicas do Terceiro Mundo podiam se dar ao luxo de dever dinheiro em libras esterlinas, mas seguir modismos literários e filosóficos em francês. Eis, no entanto, que o século XX unificou as fontes de influência econômicas e culturais em um idioma que tinha por origem a ainda poderosa Inglaterra, e que também era praticado por uma potência emergente que se chamavam Estados Unidos. O inglês é hoje tão importante quanto o foi o latim a coisa de 18 séculos atrás.

O jornalista monoglota é uma raça em extinção. Foi pelas editorias internacionais que eles começaram a ser extintos.

REPORTAGEM E COMPUTADOR

Quando os computadores começaram a ser implantados nas redações – isso aconteceu em 1983, na *Folha de S.Paulo* – a ideia que se tinha deles é de que se tratavam de máquinas de escrever com muitos recursos eletrônicos. Os comandos de processamento de texto facilitavam a redação de uma reportagem. Não era mais preciso rabiscar com caneta esferográfica em cima da lauda de papel. Sem dúvida um imenso avanço. Mas tudo isso é bem pouco se comparado ao que o computador nos permite fazer hoje em dia.

No capítulo anterior discorri amplamente sobre a Internet. Volto agora mais uma vez a ela. Mas não para discorrer desta vez sobre informações verbais que existem nos *web sites* de governos, organismos internacionais ou centros de pesquisas, nos quais encontramos documentos e também fontes para entrevistar. Sugiro que demos agora um passo além da captação de informações que colocaremos em nosso processador de textos e que traduziremos para enriquecer nossas reportagens. Vamos fazer com que o computador trabalhe por nós e que ele seja bem mais que uma versão incrementada de uma máquina de escrever.

Começo por um exemplo. Digamos que eu acesse o *web site* do Banco Mundial e baixe a planilha com o PIB (Produto Interno Bruto) *per capita* de todos os países dos quais se dispõem de dados estatísticos. Serão quase duas centenas. E digamos ainda que em seguida eu acesse o *web site* da OMS (Organização Mundial da Saúde) e baixe uma segunda planilha, com a incidência de soropositivos de HIV para cada mil habitantes.

Colocarei em seguida meu computador para trabalhar. Uma terceira planilha juntará os dados das duas primeiras. Poderei em seguida hierarquizar os países com os mais ricos no topo e os mais pobres na base. E descobrir, por meio da comparação, qual a relação que existe entre riqueza e incidência da Aids. Nada me impede de, em seguida, separar os países por regiões e continentes, procurar identificar certas particularidades, como o fato de a relação entre soropositividade na África estar mais estreitamente relacionada à pobreza do que na América Latina.

Vejam que tal exercício independe da chegada ao meu terminal de um telegrama da Associated Press ou da Reuters. A iniciativa foi minha. Fui eu quem, a partir de dois bancos de dados diferentes, do Bird e da OMS, consegui descobrir algo em que está embutida uma informação que interessa ao meu leitor.

Essas técnicas de reportagem têm sido pesquisadas desde o final dos anos 80, quando a velocidade dos processadores em computadores pessoais já era alta e as conexões de Internet já permitiam baixar uma quantidade considerável de planilhas com dados estatísticos. Foram os norte-americanos que procuraram sistematizar essa prática. Passaram a chamá-la de CAR (Computer Assisted Reporting). Em português se usa a sigla RAC (Reportagem com a Ajuda de Computador).

Insisto que não se trata de acessar um *web site* e utilizar suas informações, mas de combinar informações obtidas em *web sites* diferentes, para com isso fazer descobertas que poderemos publicar em estado bruto ou então, em um passo seguinte, compor uma pauta a partir da qual entrevistaremos especialistas no assunto.

Vocês podem colocar a sigla CAR num *site* de pesquisa e entrar no banco de dados de escolas de jornalismo em que ela se tornou disciplina obrigatória para os estudantes. Podem também acessar o *web site* da Associação Brasileira de Jornalismo Investigativo, a Abraji (www.abraji.org.br), uma entidade criada em 2003, que torna disponível para seus membros uma boa literatura *on-line* sobre a questão.

O jornalista José Roberto Toledo, de São Paulo, é um dos maiores especialistas em RAC no Brasil. Eis o que ele me disse: "Se levarmos em conta que a quantidade de informação disponível no mundo dobra a cada quatro anos, trata-se quase de uma necessidade hoje em dia usar essas ferramentas para filtrar e contextualizar as informações antes de apresentá-las ao público. Nos EUA, onde a prática começou ainda nos anos 50 em iniciativas esporádicas, já há nas redações um novo tipo de profissional que mistura habilidades de jornalista, bibliotecário e pesquisador e que presta serviços para toda a redação".

Toledo fornece as seguintes dicas e passos com relação a essa prática, e eu as reproduzo aqui para efeitos de ilustração:

> 1. Há bases de dados *on-line* que demandam pesquisas em *sites* que se "escondem" de mecanismos de busca como o Google. Exemplos: controle público, datasus, bancos de dados processuais dos tribunais etc.

> 2. Podemos trabalhar com planilhas de cálculo, como Excel, que nos ajudam a organizar e calcular grandes quantidades de informações, principalmente estatísticas.

> 3. Há programas de bancos de dados, como Access e File Maker, que permitem montar e tabular bases de dados, sejam próprias ou de terceiros.

> 4. Existem também bancos de dados *offline*, como as informações sobre emprego do RAIS/Caged, que são distribuídas em CD-ROM com um programa de banco de dados embutido.

5. Por fim, estão disponíveis programas de georreferenciamento (GIZ), que permitem fazer mapas temáticos e cruzar informações geográficas com bases de dados estatísticas.

Vejam que tudo isso é um imenso campo novo para todos nós, e que constitui um conjunto de ferramentas que não se restringe apenas ao trabalho das editorias de Política internacional. Os principais jornais, revistas e emissoras de rádio e TV descobriram há anos que podem aumentar a eficiência de seus profissionais por meio de cursos periódicos de RAC.

Vejam a seguir alguns exemplos de pauta: correlação entre distribuição de renda e criminalidade na América Latina; distribuição mundial de arsenais de armas químicas e bacteriológicas; até que ponto países ou regiões em que há terrorismo também sofrem por limitações nos direitos humanos?; criminalidade e pena de morte; gastos militares e produção de petróleo; desnutrição e prostituição infantil; relação entre poluição e quantidade de automóveis para cada cem habitantes.

As possibilidades são praticamente inesgotáveis. Se estou trabalhando em uma reportagem sobre as candidaturas presidenciais norte-americanas, poderei entrar na base de dados de um dos grandes institutos de pesquisa dos Estados Unidos e acompanhar a evolução da intenção de voto de determinado candidato. E, em seguida, com a provável identificação de movimentos de abrupta ascensão ou queda, informar-me sobre os fatores que determinaram a oscilação. Poderei também combinar essas oscilações aos gastos de campanha e saber até que ponto a ascensão ou a queda nos índices de intenção de voto estão ligados ao dinheiro consumido para divulgar a imagem e a plataforma de determinado candidato.

Digamos, por fim, que a utilização dessas ferramentas não nos dispensam da prática de pesquisas mais rudimentares, como acessar a base de textos ou quadros estatísticos existente no próprio jornal, revista ou emissora em que trabalhamos. Seria a versão mais atualizada daquilo que chamávamos antigamente de "consulta aos arquivos". Por meio de meu terminal de computador eu posso com frequência acessar as edições anteriores – de dois anos atrás, da semana passada – e verificar a grafia em português de determinada região (Cachemir ou Caxemira? A segunda alternativa é a correta), o nome de um navio que se envolveu em um acidente ou a distância entre duas cidades numa área de Guerra Civil.

A consulta aos arquivos foi e continuará a ser um diferencial entre o jornalista preguiçoso e o jornalista eficiente. Mas, se há alguns anos essa consulta se dava por meio de pastas de recortes de jornal, a informatização das edições, presente na maioria dos jornais de médio porte, permite que a partir de nossos terminais possamos fazer essa mesma pesquisa, com muito maior rapidez e eficiência.

CAPÍTULO IV

Folha, uma cobertura em evolução

1969

Alguns jornalistas gostavam de puxar a brasa para sua própria sardinha. Orgulhavam-se, e muitas vezes com razão, de trabalhar para um grande jornal, revista ou para uma grande emissora de rádio ou de TV. Na década de 50, essa forma de orgulho tinha até nome entre funcionários de emissoras de rádio. Era o "patriotismo do prefixo". A expressão surgiu na Rádio Nacional, à época proprietária de influência e inegável liderança entre as emissoras brasileiras.

Tal sentimento tornou-se um pouco anacrônico. As relações entre o jornalista e sua empresa são hoje mais frias, menos apaixonadas. Mesmo assim, particularmente me sinto muito bem como repórter da *Folha de S.Paulo*. E, se passo a discorrer sobre os diversos momentos de sua editoria de Política internacional, não é porque acredite que ela tenha sido a melhor ou constantemente exemplar.

Convivi com equipes concorrentes de alta competência e muitas vezes de competência maior que a minha. Invejei nelas os orçamentos mais polpudos, que permitiam contratar mais gente de maior qualificação, para entregar ao leitor um produto de melhor qualidade. Mas se me detenho em meu caso é porque a *Folha* é um jornal de ascensão recente (tornou-se muito influente só a partir dos anos 70). Ela passou por transformações internas importantes. Suas ambições e seu modo de funcionamento são hoje bem diferentes daquele que conheci no final dos anos 60. Assumo então que suas transformações são uma questão de interesse para os que não conviveram com elas. Há ainda minha posição pessoal. É para mim bastante cômodo contar um pouco de uma história que conheço bem.

Vejamos um período relativamente distante, o final dos anos 60. Era impossível comparar o noticiário estrangeiro da *Folha* com aquele publicado pelo *O Estado de S. Paulo*. O *Estadão* tinha em sua editoria uma tradição bem mais sólida e antiga. E trabalhava com uma rede de correspondentes imbatível. Cobria muito bem os Estados Unidos. Tinha naquela época cinco correspondentes na Europa. No Oriente Médio, eram dois os jornalistas contratados, um em Israel e outro no Líbano; a partir de fontes árabes e israelenses eles enviavam informações capazes de dar um enfoque mais completo e equilibrado. O *Estadão* também vivia um período derivado de uma particularidade que na imprensa brasileira fora apenas sua. Até 1964 aquele jornal não publicava na primeira página notícias do Brasil. As manchetes de suas edições e todos os textos paginados na primeira eram apenas de notícias internacionais. Essa cultura da empresa valorizava o jornalismo internacional e estava de certo modo ainda viva em 1969.

A *Folha* não chegava a ser um jornal desimportante. Sua importância, no entanto, era incomparavelmente menor do que possui hoje. Sem recursos para funcionar com uma redação numerosa e sem borderô para pagar os melhores salários, contentava-se apenas em ser um matutino honesto, que acreditava maximizar seus recursos por meio de textos essenciais.

Seu noticiário estrangeiro tinha dois diferenciais. O primeiro deles era um colunista que faz parte da história do jornalismo brasileiro crítico e inteligente, Newton Carlos. É possível que muitos redatores de minha geração tenham aprendido a "pensar o mundo" por meio dos textos que ele escreveu. Outro grande trunfo da *Folha* era ser o único jornal que comprava os serviços editoriais do vespertino *Le Monde*. Era possível traduzir e publicar qualquer texto do diário francês. Isso favorecia um enfoque não necessariamente pró-Estados Unidos durante a Guerra Fria, o que não era o caso de seu concorrente imediato no mercado paulista.

Em tempo: o *Le Monde* que recebíamos era o jornal impresso. Ele demorava dois ou três dias para chegar a nossas mãos. A inevitável limitação desse modo de trabalho consistia em aproveitar apenas as notícias que, passado tanto tempo, ainda guardavam uma temperatura de atualidade. Apenas em meados dos anos 70 é que uma das agências internacionais, a UPI, passou a transmitir sob a forma de telegrama as principais reportagens do *Le Monde* para o reduzido grupo de jornais não franceses que compravam os direitos de republicação. Só então começamos a receber reportagens no mesmo dia em que elas estavam sendo lidas por um leitor de Paris.

O noticiário da *Folha* tomava sobretudo por base os serviços de três agências de notícias, a UPI (United Press International), a AFP (Agence France Presse) e a AP (Associated Press). Havia na equipe apenas quatro pessoas: um editor, um editor-assistente e dois redatores. Com tão pouca gente, é óbvio que o editor e seu assistente também redigiam e não pudessem se dar ao luxo de ficar só na coordenação da produção e do fechamento.

Outro dado curioso: além das radiofotos, o noticiário era ilustrado por mapas e às vezes por quadros estatísticos (mortes na Guerra do Vietnã, por exemplo). Hoje em dia, mapas e quadros são feitos com rapidez e facilidade no computador. Mas, no final dos anos 60, as coisas eram bem mais rudimentares. O artefinalista era um cidadão debruçado em uma prancheta de arquiteto, que trabalhava com papel vegetal sobre folhas de papel milimetrado e usava régua e tinta nanquim para as molduras e chassis do material gráfico. Para grafar números e palavras utilizava algo que há muito tempo fora abandonado em artes gráficas: a letraset. Eram folhas em que as letras estavam coladas. Para descolá-las era preciso pressionar a letrinha dessas folhas com a ajuda de uma espátula. A letrinha deixava o seu suporte original e ficava grudada na folha de papel vegetal que iria para a composição. O gráfico era confeccionado letra por letra. Em caso de mapas, o arte-finalista o desenhava a nanquim com base em um outro mapa original, extraído de um dos atlas da biblioteca. Em seguida, com letra-set, colocava os nomes de oceanos, países e cidades. Um trabalho artesanal.

As agências internacionais transmitiam seus telegramas em português, por teletipos. O fato de os textos terem sido traduzidos com muita pressa pelas sucursais das agências no Brasil para distribuição aos jornais assinantes fazia com que a qualidade do português fosse apenas sofrível. Os telegramas também chegavam com aquilo que considerávamos um excesso de palavras para poucas informações. Eram textos prolixos. Uma das dimensões lúdicas da rotina dos redatores consistia em tentar riscar o maior número de palavras sem que, com isso, se perdesse nenhuma informação.

Raramente um texto de notícia era inteiramente datilografado para ser enviado à oficina de composição. Em geral o redator redigia o lide. E grudava na lauda, com goma arábica, os três ou quatro telegramas que passava a "pentear". Na gíria interna do jornalismo, "pentear" significava riscar palavras imprecisas e substituí-las por palavras mais apropriadas, riscar palavras ou expressões inúteis e redundantes. Como os telegramas chegavam apenas em letras maiúsculas e sem acentos, era preciso sublinhar as letras que seriam compostas em maiúsculas e ainda pontuar e acentuar. Pode parecer complicado, mas é como se fôssemos professores de Português dedicados a melhorar ao máximo a redação que um aluno apressado e relapso nos entregava para corrigir.

Vejamos alguns exemplos de edições do segundo semestre de 1969. Escolhi ao acaso as dos dias 1º, 2 e 3 de agosto. Naqueles tempos, a editoria internacional ocupava três páginas da *Folha*. Mas não eram páginas contínuas. A página 2 nos pertencia. Mas a 3 e as seguintes eram dos editoriais e de política brasileira. O noticiário estrangeiro só voltava a aparecer nas páginas 6 e 7 ou 7 e 8. O padrão de distribuição do noticiário ainda não estava atrelado à continuidade do espaço. Para o jornal e para seu leitor, era plenamente aceitável começar o noticiário em uma página, pular três ou quatro e prosseguir nas páginas seguintes.

Os assuntos em pauta naquele início de agosto de 1969 não são tão antigos e ultrapassados assim. Alguns deles prosseguem como questões insolúveis. Um exemplo: o então presidente Richard Nixon, dos Estados Unidos, estava em viagem oficial pela Ásia. Visitou a Índia e o Paquistão. Esses dois países, que faziam parte da antiga Índia até o final dos anos 40, quando ela se tornou independente do Reino Unido, atravessavam tensões e periódicos conflitos. Nixon se ofereceu para mediar. No avião que o transportava a Nova Delhi, disse aos jornalistas que o acompanhavam que era um absurdo continuar havendo uma disputa – no caso, pela região fronteiriça da Caxemira, que pertencia em parte à Índia, por mais que, em razão da forte predominância de muçulmanos, estivesse mais culturalmente ligada ao Paquistão.

O papa naqueles tempos era Paulo VI. Embora bem mais sedentário que João Paulo II, um de seus sucessores, ele também viajava de vez em quando. Paulo VI estava por aqueles dias na África. Em Uganda, recebeu representantes da Nigéria e de sua província secessionista, Biafra. O conflito interno teve como motivação a discriminação de uma das etnias no acesso aos recursos obtidos com o petróleo. Foi um dos acontecimentos mais trágicos de todos os tempos em solo africano. A Guerra Civil eclodiria em 1970. Morreria um milhão de biafrenses, em sua maioria de fome. Quando da ida do papa à África, já eram fortes os indícios de que a tragédia poderia ocorrer. A tentativa de mediação do Vaticano foi de pouca utilidade.

No capítulo Guerra Fria, um escritor russo, Anatoli Kuznetsov, exilava-se em Londres. Sua rotina de recém-chegado era diariamente coberta pelas agências. E ele diariamente criticava a Rússia e o regime comunista. Algo, digamos, previsível. Noticiou-se ainda o insólito protesto de trabalhadores de uma fábrica tcheca de aviões, a Avia, contra a visita, às suas instalações, de uma delegação do Partido Comunista soviético.

Na América Latina, o ditador argentino Juan Carlos Onganía (1966-1970) enfrentava uma crise militar que no ano seguinte o levaria a ser substituído por outro general, Roberto Levingston. No Oriente Médio, no rescaldo da Guerra dos Seis Dias (1967), a Síria movimentava tropas e se posicionava de forma ameaçadora a Israel.

Por aqueles tempos, um episódio entre político e puramente "people" deu muito o que falar nos Estados Unidos: John Kennedy fora assassinado. Seu irmão, Robert Kennedy, também, quando se preparava para disputar a Casa Branca. Restava um terceiro irmão ainda vivo, o senador Edward Kennedy. Pela lógica do clã e pela sua influência no Partido Democrata, era previsível que Ted Kennedy tivesse ambições presidenciais. Eis que Ted Kennedy sofre um acidente de automóvel. Seu carro caiu em um rio. No acidente, morreu Mary Jo Kopechne, ex-secretária de seu irmão Bob. A suspeita de que o senador estivesse embriagado, agravada pela insinuação de um caso extraconjugal encerraram suas ambições presidenciais. Ele jamais saiu do Senado, onde foi sucessivamente eleito por Massachussets nas décadas seguintes.

O noticiário era puramente relatorial, com informações extraídas dos despachos das agências. Cito, no entanto, um exemplo de espírito crítico da editoria daquela época: fazia vinte dias que os primeiros astronautas norte-americanos haviam pisado na Lua. Era, portanto, previsível que ainda se estivesse na ressaca desse noticiário ao mesmo tempo tecnológico e político (a superioridade recém-conquistada dos Estados Unidos diante dos russos em questões espaciais).

Thomas Paine, diretor da Nasa, a administração do programa espacial americano, declarou que "até os anos 80" seu país seria capaz de fazer voos tripulados em direção a Vênus e a Marte. A hipótese era inverossímil, irrealista. A previsão de Paine tinha como evidente intenção fazer propaganda. A *Folha* não mordeu a isca e não deu destaque para a declaração. Fez bem. Mesmo assim, noticiou os detalhes curiosos da tripulação da Apolo após sua volta à Terra. Naquela primeira missão, havia a suspeita de que as pedras lunares trazidas para análise poderiam ser venenosas para o ser humano. Foi por isso que os astronautas permaneceram por determinado período em quarentena. Os técnicos que tiveram acesso ao material foram para a quarentena também. Ao todo, 14 pessoas permaneciam isoladas. Mas eis que dois técnicos da Nasa inadvertidamente tiveram contato com as pedrinhas trazidas da Lua. O número de pessoas na quarentena passou então para 16. O que a *Folha* noticiou.

1982

Pois entremos no túnel do tempo para espiar de que maneira as coisas se passavam 14 anos depois. A *Folha* já não era mais o mesmo jornal. Havia crescido, se tornado mais importante. A partir de 1977, adotou certas fórmulas ousadas que fizeram dela uma referência jornalística de peso nos anos em que se acelerou a redemocratização no país. Abria suas páginas para artigos escritos tanto por personagens que defendiam o regime militar (Jarbas Passarinho foi um deles) quanto por outros que haviam sido vítimas da opressão (Celso Furtado ou João Amazonas). O jornal não se via, e ainda não se vê, como porta-voz de nenhuma corrente política interna, mas permitia que em seu espaço todas elas se manifestassem.

A editoria de Exterior, como era então chamada, transformou-se e construiu outras fórmulas também ousadas. Por volta de 1979, eram nomes geralmente de peso dentro do jornalismo que se tornavam correspondentes do jornal. Paulo Francis, que bem mais tarde se transferiria para *O Estado de S. Paulo* e se tornaria uma personalidade notória em razão de seus comentários em televisão (no Jornal da Globo), era o correspondente em Nova York. Em Londres, o correspondente era Cláudio Abramo, ex-secretário e ex-diretor de Redação do jornal, e talvez um dos nomes mais importantes do jornalismo brasileiro na segunda metade do século passado.

Além da *Folha* dos anos 70 – que modernizou em companhia de Octavio Frias de Oliveira, principal acionista da empresa –, Abramo também havia sido o arquiteto das reformas pelas quais o *Estadão* passou nos anos 50, quando então ocupava a secretaria daquele jornal. Em Madri havia Mauro Santayana, que se tornaria anos depois assessor e *ghost-writer* de Tancredo Neves. Em Pequim, Gerardo Mello Mourão, também romancista e poeta, e, em Tóquio, Osvaldo Peralva, um intelectual muito tímido e que já fazia parte da história da esquerda, como dirigente do Partido Comunista Brasileiro. Dois correspondentes relativamente jovens completavam a equipe na Europa: em Roma, Pedro del Picchia, nos anos anteriores editor de Exterior. E eu próprio, em Paris.

Exigia-se dessa equipe textos geralmente longos, que jamais deixassem de dar a mais completa contextualização histórica econômica ou estratégica dos acontecimentos. Abria-se também a possibilidade de opinar. Acredito que todo texto jornalístico traz uma dose de opinião. Trabalhamos com a linguagem, que nos deixa à disposição múltiplas maneiras para relatar um fato. As escolhas que fazemos já representam uma intervenção pessoal de dimensão opinativa. Mas as opiniões dos correspondentes da *Folha* eram explícitas, estimuladas como postura jornalística. Tínhamos então a liberdade de trabalhar de modo aberto com os valores éticos que provavelmente seriam compartilhados pelos leitores. Relatar a corrupção oficial em países nos quais estávamos baseados era algo pontilhado por uma clara indignação. Estávamos equidistantes das superpotências. Não precisávamos tomar as dores do chamado Ocidente nem diabolizar com excessos rancorosos o chamado "socialismo real".

Essa equipe de correspondentes também tinha como característica comum o amor pela história, o amor pelos livros. Frequentávamos a editoria de Política internacional com a mesma desenvoltura com que entrevistávamos autores ou resenhávamos livros para a editoria de Cultura, a *Folha Ilustrada*. Podia-se, em meio a explicações técnicas sobre desarmamento ou conflitos africanos, fazer recomendações bibliográficas, lembrar fatos literários agregados a determinada cidade ou região do mundo. Eu diria que, mesmo com as profundas diferenças que tínhamos uns dos outros, por nossas formações diferentes e idiossincrasias culturais, o time que formávamos representou um dos grandes momentos do jornalismo brasileiro na segunda metade dos anos 70.

Essa equipe era, evidentemente, bastante cara. Em suas dimensões, foi uma das vítimas da recessão econômica em que o Brasil mergulhou no início dos anos 80. Em 1982, período que escolhi para exemplificar um dos momentos da editoria, os correspondentes expatriados já eram apenas três: Paulo Francis continuava em Nova York; Clóvis Rossi fora convidado para Buenos Aires, na época uma capital dificílima, em razão da ditadura militar; enquanto Cláudio Abramo fora deslocado de Londres para Paris.

Paulo Francis e Cláudio Abramo foram, por razões diferentes, nomes de imenso peso na história do jornal. Abramo, em 1975 diretor de Redação, foi quem convidou Francis para ser correspondente em Nova York, depois de lhe confiar a cobertura, na Espanha, da morte do caudilho Francisco Franco e daquilo que seriam os primeiros passos da redemocratização. Eram ambos homens de fortes convicções pessoais que se sobrepunham ao exercício da função de repórter. Entre eles ocorreu, de forma velada, um único grande conflito, quando em abril de 1982 a Argentina anexou o arquipélago das Malvinas, uma possessão britânica no Atlântico Sul.

Paulo Francis argumentava que não haveria guerra porque, se a permitissem, os Estados Unidos provocariam o desmoronamento de seu sistema de alianças interamericanas – a Doutrina Monroe estipulava que Washington consideraria como uma agressão a seu território qualquer intervenção militar de terceiros contra vizinhos do continente. O argumento de Cláudio Abramo foi no entanto outro. O Reino Unido, na época com o governo de Margareth Thatcher, tinha afinidades circunstanciais com o conservadorismo do presidente Ronald Reagan e ainda afinidades históricas que faziam de Londres o mais confiável aliado de Washington na Otan, a Aliança do Atlântico Norte. Entre a América Latina e a Europa, os EUA não hesitariam em se posicionar ao lado de seu aliado europeu. Foi o que aconteceu. Mesmo às escondidas, o governo Reagan mapeou com seus satélites de espionagem as posições de embarcações argentinas e facilitou a tarefa britânica de afundá-los (o *General Belgrano*, orgulho da Marinha argentina, foi a pique). Bastaram algumas semanas para provar que Cláudio Abramo tinha razão.

Mas a ideia de um jornal opinativo continuava a ser colocada em prática, embora de um modo mais discreto. A *Folha* formou uma equipe de colunistas que cumpriam um papel semelhante ao de Newton Carlos nos anos anteriores. Além dele próprio, escreviam Luiz Alberto Bahia e Barreto Leite Filho, dois nomes veteranos, eruditos, com ideias próprias e antes conhecidos por suas atividades profissionais em jornais do Rio de Janeiro.

Tanto no período em que havia sete correspondentes quanto já naquele em que os correspondentes eram apenas três, era previsível que a retaguarda interna fosse assegurada pelos redatores, encarregados apenas dos assuntos sobre os quais a equipe externa não estava pautada. Ou seja, os redatores tinham uma função mais impessoal, mais discreta. Trabalhavam com os telegramas das agências e asseguravam o resto do noticiário.

Vejamos em detalhes a equipe da Redação. Em lugar de quatro pessoas, como em 1969, ela era agora formada por oito – seis redatores, um editor e um editor-assistente. Vem também daquela época o esboço da mistura de atribuições que até então separavam em termos funcionais o redator e o repórter. Em determinadas circunstâncias, o redator também levantava informações e as redigia independentemente do material fornecido pelas agências. Ou seja, ele também "reportariava".

Isso acontecia de duas maneiras diferentes. A primeira delas consistiu em levar cada redator a especializar-se em determinado problema, em determinada área geográfica. A especialização permitia que ele conhecesse determinadas particularidades dos temas tratados em nosso cotidiano – Oriente Médio, negociações entre as superpotências quanto ao desarmamento, América Central. Ao chegar ao jornal, cada redator encontrava sobre sua mesa uma pasta de telegramas com as notícias sobre as quais deveria redigir seus textos. Mas na mesma pasta estavam recortes de comentaristas ou estudiosos em publicações europeias e norte-americanas, relatórios de conferências de organismos internacionais, íntegra de discursos ou declarações de chancelarias estrangeiras, material distribuído por embaixadas, denúncias extensivas de entidades defensoras de direitos humanos e assim por diante.

A obtenção de todo esse material exigia uma certa logística da Redação. Ela sugeria a assinatura de publicações especializadas, dava palpites sobre a forma pela qual abriam-se ou juntavam-se recortes em pastas de arquivos no Banco de Dados. O redator da área muitas vezes acompanhava o editor a determinado almoço no qual algum especialista estrangeiro era destacado por diplomatas para contatos informais e em *off-the-records* com a mídia.

Muito raramente o redator entrava em contato com determinada fonte externa e solicitava informações complementares. Para tanto era preciso utilizar o telefone ou o telex, o que implicava custos elevados. Não havíamos ainda chegado à interatividade de baixíssimo custo que todos nós conhecemos apenas depois da Internet.

A segunda maneira pela qual o redator tinha uma participação mais ativa no produto editorial entregue ao leitor foi aquilo que se designou, na época, como Dossiê *Folha*. Tratava-se de uma página sem anúncios, previamente negociada com a secretaria de Redação, na qual um determinado tema era dissecado de modo quase ensaístico. A África do Sul ainda estava submetida ao regime do *apartheid*. Então o dossiê poderia fazer um balanço dessa política de discriminação racial. Na ocasião também se noticiou que um velho satélite russo, havia muito desativado, poderia não se desintegrar ao entrar na atmosfera e cair em uma região pouco habitada da Amazônia. Preparava-se, então, um dossiê sobre o lixo espacial que estava em órbita e os estragos que ele já tivesse provocado. (Em tempo: a única vítima de algo que caiu inesperadamente do céu foi, naquela época, uma vaca, não me lembro ao certo em que país ela estava pastando).

O redator encarregado do dossiê permanecia liberado das atividades cotidianas durante a semana em que se informava sobre o assunto para o qual estava pautado e fechava o respectivo texto. A *Folha* e outros jornais também traziam experiências mais ou menos parecidas, com isso invadia um território do noticiário até então praticado apenas pelas revistas. O dossiê, publicado sempre aos domingos, era nosso lado magazine.

Vejamos agora um pouco da tecnologia disponível naquele período. As velhas e heroicas máquinas de escrever estavam em fim de carreira. Seriam em definitivo aposentadas no ano seguinte, em 1983. Mas ainda demorariam alguns anos para que, em lugar de papel extraído dos teletipos, o noticiário das agências nos chegasse *on-line*.

Por isso, as coisas se passavam ainda da seguinte maneira: na sala dos teletipos, um funcionário apanhava os textos que as agências entregavam por meio de rolos de papel, cortava telegrama por telegrama, com a ajuda de uma régua, e escrevia em cima de cada telegrama, com caneta esferográfica, o nome da editoria para a qual a notícia deveria ser endereçada. A cada cinco ou dez minutos, um auxiliar da Redação apanhava aquele bolo de papel e o transportava até seus destinatários. Caso algo de urgente estivesse acontecendo (golpe de Estado na Bolívia, lançamento espacial, discurso do então presidente norte-americano, Ronald Reagan), e sobretudo se isso ocorresse nos minutos que precedem o fechamento, a editoria de Exterior dispensava intermediários e destacava um de seus redatores para ficar de plantão ao lado dos teletipos.

Lembro-me de uma noite na qual aguardei, com a ansiedade dos amorosos, a chegada do despacho que um jornalista da Reuters enviaria de um dos navios da Marinha Real Britânica que integravam a força-tarefa que recuperou dos argentinos o arquipélago das Malvinas (ou Falklands, como são chamadas pelos ingleses). A superioridade militar britânica era inegável. Com quase toda a certeza, os argentinos estavam em contagem regressiva para perder aquela guerra. Eu próprio grudei os olhos no teletipo da Reuters. Mas eis que, para meu desespero, por quase vinte eternos minutos a única coisa que aquela máquina barulhenta cuspia eram telegramas com os resultados de um campeonato de criquet que, se eu não me engano, estava sendo disputado entre a Austrália e a Nova Zelândia. Desesperador.

A Reuters já era de longe a agência que nos entregava os serviços telegráficos de melhor qualidade. Havia desenvolvido um padrão de texto muito bom. Corrigia com rapidez os erros que eventualmente cometia, adotou o hábito de soltar uma notícia com a promessa de reenviá-la mais completa um pouco depois, caso obtivesse declarações contraditórias. E tinha o hábito de contextualizar com inteligência. Se mencionava o Partido Colorado de determinado país latino-americano, tinha a gentileza de informar aos jornalistas (e também ao leitor) se se tratava de uma formação conservadora, de centro ou de esquerda. Partiu também da Reuters o bom hábito de resumir em poucas palavras os precedentes factuais da notícia que estava no lide de seus telegramas. Se ela noticiava tensões entre Nicarágua e El Salvador, recordava se havia ocorrido nas semanas precedentes incidentes de fronteira ou se notas de protesto haviam sido emitidas pelos governos de um ou de ambos os países.

Digamos que não existem grandes segredos na receita que leva uma agência a prestar corretamente seus serviços. Estamos falando do início dos anos 80, e a verdade é que as demais agências procuraram adotar esses procedimentos relativamente simples para não perder suas fatias do mercado. A Associated Press acordou a tempo, quando percebeu até que ponto a Reuters, uma empresa britânica, havia ocupado espaço na mídia norte-americana. A UPI ficou imobilizada pela concorrente, entrou em estado de quase insolvência e hoje atua de forma muito mais modesta no mercado da informação.

Havia, por fim, como fonte de informação para a editoria Internacional, textos com a memória histórica de pontos de tensão preparados pelo Banco de Dados, o arquivo do jornal que mantinha uma equipe de dois redatores. A ideia não era original. Ela foi inicialmente uma das marcas do *Jornal do Brasil*. Em suas páginas apareciam textos de memória com o logotipo "Pesquisa JB". Era um diferencial que a *Folha* procurou adotar, mas que não vingou com o passar dos meses.

Vejamos agora, meio sumariamente, quais os tópicos que estavam no noticiário internacional em três das edições de agosto de 1982:

O Líbano estava no centro das atenções do Oriente Médio. O país atravessou uma longa Guerra Civil (1975-1990) que deixou de 150 mil a duzentos mil mortos – o que é especialmente trágico se notarmos que a população local é de 3,5 milhões de habitantes –, trezentos mil feridos, oitocentos mil forçados a deixar as regiões em que moravam e ainda prejuízos materiais estimados em US$ 20 bilhões. No momento em que nos interessa, Israel havia desencadeado uma operação que chamou de Paz na Galileia. Ela consistia basicamente em neutralizar grupos armados que se infiltravam por sua fronteira ao norte ou faziam uso do território libanês para atirar projéteis com artilharia pesada.

Além disso, a OLP (Organização para a Libertação da Palestina) mantinha em Beirute seis mil ativistas armados. Israel perderia nos três anos seguintes 615 homens. Em setembro de 1982, os israelenses cercaram os campos de refugiados palestinos de Sabra e Chatila e permitiram a entrada de milícias cristãs que mataram entre 480 e 800 pessoas, um episódio desonroso para Israel. O conflito só terminaria oito anos depois, quando o Líbano, antes fragmentado por grupos e milícias rivais, tornou-se oficiosamente uma espécie de protetorado da Síria.

Nas três edições de agosto analisadas, os redatores intervieram com informações factuais, a OLP reforçara a defesa de Beirute à espera de novos bombardeios israelenses; Israel ocupara o aeroporto da cidade; o Papa rezara pelas vítimas do conflito. Os serviços do *Le Monde*, que a *Folha* continuava a traduzir, traziam informações de seus enviados especiais, como a acusação dos xiitas de que Israel pretendia anexar o Líbano, ou sobre a insegurança da população civil que ainda permanecia no sul daquele país. Dois correspondentes entraram no assunto. Cláudio Abramo fazia um paralelo entre Israel e Nicarágua (então governada pelo regime esquerdista da Frente Sandinista de Libertação Nacional) pelo fato de ambos se sentirem hostilizados por seus vizinhos. Paulo Francis foi mais contundente, por meio de uma analogia entre a "anexação" israelense e o que fora feito pela Alemanha na Segunda Guerra Mundial. Francis foi um jornalista contundente, brilhante, que alimentava um gosto incontível pelos paradoxos e destemperos.

As pautas da editoria também incluíam na época os sandinistas da Nicarágua. O regime sandinista (1979-1990) nasceu de um grupo de guerrilheiros responsável por ações espetaculares, como o cerco, em 1978, do edifício do Congresso que era dócil ao ditador Anastasio Somoza Debayle e o sequestro de todos os parlamentares que nele se encontravam. A guerrilha chegou ao poder e refazia, com um atraso de vinte anos, um roteiro que para os Estados Unidos lembrava de forma incômoda o que ocorrera em Cuba. A administração republicana de Ronald Reagan estava empenhada não apenas em evitar levantes esquerdistas na América Latina, mas também e sobretudo em sufocar a então União Soviética, lançando-se em uma corrida armamentista acelerada que levou os dirigentes comunistas russos, por não poderem a ela se equiparar, a quebrar economicamente o Estado, mergulhando-o em uma crise na qual o "socialismo real" se afogaria anos depois.

Os Estados Unidos temiam o que chamavam de "processo de contaminação" do sandinismo na América Central. Em agosto de 1982, estavam por trás de um golpe palaciano que instalou Ricardo la Espriella na presidência do Panamá. El Salvador estava mergulhado em uma guerra civil e tinha um forte movimento guerrilheiro de esquerda. Reagan acusou os sandinistas de ingerência no país vizinho. Chegou a minar os portos de Manágua para impedir que os nicaraguenses recebessem alimentos e combustíveis. Com o passar dos anos, no entanto, o regime nicaraguense foi corroído por dentro. O sandinismo foi a pique por sua incompetência política – não soube dialogar com setores que não o apoiavam, perdeu a auréola da ética em meio a escândalos de corrupção. Tudo isso pesou de forma equivalente à intervenção direta dos norte-americanos.

Havia, por fim, a Argentina, cuja situação era retratada por uma reportagem de Clóvis Rossi que justamente relatava o vazio de poder naquele momento. O regime militar estava politicamente asfixiado depois da derrota diante do Reino Unido na Guerra das Malvinas e da renúncia do ditador Leopoldo Galtieri, responsável direto pela anexação do arquipélago que provocou a resposta britânica. Galtieri foi o penúltimo de uma linhagem – Jorge Videla, Roberto Viola, e depois dele Reynaldo Bignone – de um período negro iniciado em 1976 e que deixou como saldo a eliminação física de trinta mil reais ou supostos opositores do regime. A situação começaria a ser normalizada em outubro de 1983, com a eleição de Raúl Alfonsin para a Presidência e a devolução definitiva do poder aos civis.

A rápida sucessão de acontecimentos singulares em meio ao desmoronamento de um regime homicida era objeto de uma cobertura confortável pela *Folha*, que mantinha em Buenos Aires um dos melhores jornalistas de sua equipe. Não bastava apenas falar perfeitamente o castelhano e ter fontes na oposição e no governo. Era também preciso conectar o coração e os nervos àquele país para com frequência abandonar formas relatoriais e frias de jornalismo e se entregar a uma justificada indignação. Foi o que fez o correspondente da *Folha*.

2000

O jornalismo internacional tem uma característica que não lhe é exclusiva: boa parte de suas pautas é previsível. Reuniões do Conselho de Segurança da ONU e as negociações que as precedem, conferências temáticas (Agência Internacional de Energia Atômica) ou regionais (União Europeia), viagens oficiais de governantes ou o jogo de pressões diplomáticas para solucionar algum impasse. Escapam dessa previsibilidade episódios como atentados terroristas, terremotos ou grandes acidentes aéreos, agressões militares contra um território vizinho ou ações sigilosas que apenas produzirão efeitos se efetuadas sob o impacto da surpresa.

Até novembro de 2000 as eleições presidenciais norte-americanas entravam na categoria do previsível. Com a rapidez da apuração das urnas, no início da madrugada seguinte sabia-se com precisão o nome do presidente que tomaria posse no início de janeiro seguinte. Bastava, então, aos jornalistas, desengavetar ideias de reportagens que esboçassem o direcionamento das políticas a serem aplicadas pelo candidato vencedor.

Mas eis que em 2000 deu tudo errado. Os resultados ficaram na dependência dos votos da Flórida ao Colégio Eleitoral, instância que em verdade escolhe o ocupante seguinte da Casa Branca. O episódio é recente e todos vocês com certeza têm dele uma lembrança bem nítida. O que nos interessa, no caso, é como reagir quando algo antes previsível cai no roteiro jornalístico do inesperado. Todos os grandes jornais do mundo, emissoras de rádio e TV, revistas e *web sites* noticiosos foram obrigados a exercitar a necessidade de improvisar uma cobertura para a qual nada haviam planejado.

Por uma questão mais uma vez de comodidade escolho a *Folha de S.Paulo* para exemplificar. O jornal teve, a meu ver, dois méritos: não cravou na madrugada do 8 de novembro de 2000 que Al Gore havia sido eleito e derrotara George W. Bush – informação que a CNN, por exemplo, chegou a veicular pouco antes da meia-noite. E também, nas edições seguintes, foi criativa e didática na cobertura do imbróglio político-jornalístico que os Estados Unidos involuntariamente criaram para si mesmos.

O esforço consistiu, numa primeira etapa, a mais uma vez explicar a particularidade do sistema eleitoral americano. O jornalista deve informar-se para saber bem mais que seu ouvinte, telespectador ou leitor. A referência de um consumidor brasileiro de informações é simples e bastante lógica. Se o candidato "x" teve a maioria dos votos, ele terá derrotado o candidato "y" e ponto final. Mas já no dia da votação, 7 de novembro, a *Folha* explicava que o voto universal servia apenas para indicar os grandes eleitores dos Estados em que foi dado. Se na Califórnia (estado mais populoso) determinado concorrente obtém vantagem apertada contra seu adversário, ele leva automaticamente todos os votos californianos ao Colégio Eleitoral.

O grande impasse surgiu porque, ao final das apurações, o democrata Al Gore estava com 48.976.148 votos. Seu concorrente republicano, George W. Bush, estava com 48.783.510. Ou seja, uma vantagem para os democratas de 192.638 votos. Gore reunia naquele momento 260 votos no Colégio Eleitoral, contra 246 para Bush. As duas pendências eram àquela altura os 25 votos do colégio da Flórida e mais os sete do pequeno Estado do Oregon. Votos que poderiam mudar o quadro – o que efetivamente aconteceu. Não em termos de voto universal, onde a vantagem de Gore era minúscula, mas irreversível. Tratava-se, justamente, dos votos ao colégio, os únicos a definir quem se elege presidente nos Estados Unidos.

A *Folha* acertou ao dar no próprio dia do pleito quatro páginas para a cobertura, sob o título "Gore e Bush chegam empatados à eleição". No dia seguinte, na edição de terça-feira, 8 de novembro, o segundo título da primeira página, fechada às 2h, era o seguinte: "Eleições nos EUA seguem indefinidas pela madrugada". O último fechamento foi bem mais tardio que o habitual porque, em caso de disputa apertada, é sempre necessário esperar pelos resultados da costa leste, cujo fuso horário, nos meses de novembro, é de quatro horas a menos que o de Brasília. Nas quatro páginas internas, um relato sobre o impasse – escrito pelos correspondentes em Washington, Márcio Aith, e em Nova York, Sérgio Dávila – e mais dois grandes textos encomendados a jornalistas brasileiros que estavam em Chicago e São Francisco.

O suspense se prolongou na edição do dia seguinte, quarta-feira, dia 9. "Eleições nos EUA esperam recontagem", foi a manchete da primeira página, a primeira que o jornal reservava à disputa americana. Ainda na primeira, chamadas para três textos internos que deram o diferencial didático da cobertura. No primeiro deles, um estudioso e autor de um livro sobre o Colégio Eleitoral americano dava ao jornal entrevista em que afirmava que essa eleição em duas etapas, a direta e em seguida a indireta, representava uma bomba-relógio que cedo ou tarde iria explodir. No segundo texto, o colunista Elio Gaspari, que morara anos antes nos Estados Unidos, comentava o despreparo e o desencontro informativo das redes americanas de TV. Na terceira chamada da primeira página, a informação de que o Partido Republicano conseguira renovar sua maioria na Câmara e no Senado. Nas páginas internas, infográfico com a cronologia das previsões equivocadas, como o fato de, até as 1h28 de terça-feira, as redes de televisão americanas terem dado como certa a eleição do democrata Al Gore. O colunista de mídia, Nelson de Sá, também discorreu sobre o vexame da mídia eletrônica naquele país, geralmente considerada ágil e exemplar.

Na sexta-feira, 10 de novembro de 2002, os americanos prosseguiam sem um novo presidente. "Gore diz que vai contestar vitória eventual de Bush", era a manchete do jornal. A decisão estava na Flórida, para onde o então correspondente em Nova York havia sido deslocado. Nas páginas internas, o jornal recapitulava o roteiro, que ocorrera uma única vez na história eleitoral dos Estados Unidos, pelo qual um candidato com maioria nos votos das urnas fora derrotado no Colégio Eleitoral. Aconteceu em 1877, quando o democrata Samuel Tilden, o mais votado, foi depenado no colégio pelo republicano Rutheford Hayes.

O material enviado da Flórida centrava a atenção em Palm Beach, um dos 67 condados (regiões administrativas) em que se divide aquele Estado. Era um caso mais eloquente, já que ali a cédula fora impressa de qualquer jeito, com o desalinhamento entre a coluna com os nomes dos concorrentes e a coluna com os quadradinhos a serem assinalados pelo eleitor. Era preciso, também, insistir com muita informação e o mínimo possível de preconceito em dois fatos locais. O primeiro: a Flórida tinha como governador Jeb Bush, que vinha a ser o irmão do então governador do Texas, George W. Bush, um dos candidatos da bagunça eleitoral criada. O segundo: como cada Estado organiza eleições de acordo com sua legislação específica, foi respeitado o princípio segundo o qual não há justiça eleitoral. Quem comanda o processo é o governo estadual, por meio, no caso, de uma das secretárias da administração de Jeb Bush, que vinha a ser uma republicana, e por isso suspeita de favorecer o candidato de seu partido. Na mesma edição, o correspondente em Washington entrevistava especialista que constatava a abertura de um vácuo jurídico. Texto de um ex-correspondente da *Folha* nos Estados Unidos, Carlos Eduardo Lins da Silva, fazia análise centrada no argumento de que, qualquer que fosse o vitorioso, ele estaria diante de um difícil desafio político.

No sábado, dia 11, os Estados Unidos continuavam sem conhecer com margem apreciável de certeza quem sucederia o presidente Bill Clinton. Nova manchete na primeira página: "Bush pressiona Gore a aceitar a derrota". Nas páginas internas, além da continuação da cobertura de manifestações em praça pública e ações judiciais na Flórida, um texto do correspondente em Washington pela primeira vez dava a entender que a balança estava pendendo para o lado de Bush. Isso porque Gore estava sendo pressionado dentro de seu próprio partido a recuar e aceitar a vitória – mesmo moralmente injusta – de seu adversário.

Domingo, 12 de novembro. Um dos títulos da primeira página da *Folha*: "Bush entra na Justiça contra recontagens". E, nas páginas internas, quatro reportagens do enviado especial à Flórida e mais entrevistas com especialistas. E ainda, para dar uma tonalidade mais leve e *feature* à cobertura, a memória de que, em sete Estados, referendos efetuados na mesma segunda-feira aprovaram leis menos draconianas para punir o uso da marijuana.

As coisas caminhavam para algo semelhante aos roteiros de romances do realismo fantástico latino-americano, conforme anedotário que circulou na época. Uma dessas histórias fictícias colocava o prosseguimento da disputa no ano de 2030, com Gore e Bush já desdentados e em cadeiras de roda, cada um com um grupo de veteranos assessores e advogados que mantinha a validade de argumentos políticos e jurídicos capaz de lhes dar a vitória.

As coisas não foram tão prolongadas assim. Em 18 de dezembro, 41 dias depois da eleição, a Flórida oficializava sua posição, favorável a Bush. Por meio dela, o candidato republicano estava eleito presidente dos Estados Unidos, com 271 votos no Colégio Eleitoral. Os votos foram contabilizados oficialmente naquele mesmo dia. O democrata Al Gore obteve 267 votos indiretos. A diferença foi de apenas quatro votos.

Cinco dias antes, no entanto, a vitória de Bush havia sido indiretamente assegurada pela Suprema Corte, que determinou que a Flórida interrompesse a recontagem de seus votos. Na primeira contagem, a vantagem de Bush sobre Gore fora de 1.784 votos. Mas, quando os votos foram recontados pela primeira vez, a dianteira do republicano caiu para exatos trezentos votos. É provável que a confusão gerada pelas cédulas de Palm Beach contivesse essa minúscula diferença, dentro de um país em que os dois principais candidatos totalizaram 97,7 milhões de sufrágios.

A *Folha de S.Paulo* não foi o único jornal brasileiro importante a prosseguir cautelosamente em uma longa cobertura cujo desfecho era desconhecido de seus jornalistas. Era preciso ser prudente e sobretudo abandonar qualquer *parti pris*. Creio que intimamente a maioria dos jornalistas envolvidos em todo o Brasil naquela cobertura desejasse que Gore fosse eleito. Primeiro, por uma questão basicamente ética: fora sua a maioria dos votos populares. Segundo, porque os republicanos, estatutariamente conservadores, são antipáticos dentro de uma profissão na qual prevalece, por aqui, um pensamento no mínimo de centro-esquerda.

Existiu também a meu ver, como pano de fundo, a ideia de que a única superpotência do planeta dava provas de vulnerabilidade institucional e se tornara uma tragicômica bagunça. Testemunhar esse ângulo do episódio provocava sorrisos de felicidade irônica em um país bem mais pobre e menos preparado como o Brasil, no qual, além de tudo, funciona a urna eletrônica, e onde as contestações das apurações têm como canal competente o Judiciário.

O fato é que entre novembro de 2000 e setembro de 2001 George W. Bush foi estigmatizado, com ou sem razão, como um presidente eleito de modo ilegítimo. Esse anátema deixou de pesar sobre ele com o 11 de Setembro. Graças à al Qaeda e à destruição do World Trade Center, o democrata Al Gore saiu do silêncio sabático em que mergulhara para se declarar "um soldado do presidente Bush" na guerra contra o terrorismo. Digamos que, de maneira simbólica, só a partir daquele momento o candidato republicano passou a estar moralmente eleito. Teria ainda pouco mais de três anos para completar seu mandato. Mas isso é uma outra história que fica para uma outra vez.

2004

Entremos mais uma vez no túnel do tempo. Desta vez para uma viagem de 22 anos que nos traz a um período mais próximo de todos nós. Não é apenas a familiaridade de um projeto gráfico que chega diariamente a nossas mãos que é digno de nota – em que há a obrigatoriedade de se abrir uma manchete em toda a extensão superior de cada página; com uma quantidade bem maior de quadros e cronologias, cuja confecção é muito mais trabalhosa; com um entrelinhamento ligeiramente mais amplo nos textos, o que facilita a leitura, mas também obriga o jornalista a resumir as informações usando um número menor de palavras; com a adoção de fotografias em cores publicadas em boa parte das páginas internas e com a qualidade infinitamente melhor dessas mesmas fotografias distribuídas pelas agências; com a adoção de uma mesma largura para as colunas (chamadas de "módulos"), o que levou o jornal a abandonar um antigo critério pelo qual a notícia importante era paginada em coluna mais larga, e a notícia menos importante, em coluna mais estreita.

Estamos diante de um jornal bem diferente, mais desinibido, mais ambicioso em termos mundiais. Por exemplo: o editor não mais espera que o *Le Monde* ou uma das agências entreviste determinada personalidade para publicar com exclusividade no mercado brasileiro determinada entrevista. A *Folha* passou a acreditar que ela própria faz parte do pelotão de diários mundialmente importantes e, por isso, procura fazer com que as entrevistas sejam feitas por seus correspondentes ou então por seus redatores. O problema não está propriamente em saber se essa importância é real. O fato é que os entrevistados – por amabilidade ou por conhecimento – aceitam responder às perguntas que o jornal encaminha, e por isso acabam por validar a influência e o peso editorial que o jornal atribui a si mesmo.

Ainda sobre esse mesmo aspecto, lembro-me do que acontecia há coisa de vinte ou trinta anos. Quando se tratava de noticiar a maneira pela qual os jornais brasileiros comentavam ou noticiavam determinado assunto de ampla repercussão externa, as agências tinham o hábito de citar apenas o *Jornal do Brasil*. Não tanto pelo fato de na época se tratar de um diário muito bem feito e formador de opinião. Havia uma outra razão: o nome do jornal era facilmente lido ou pronunciado por alguém que não soubesse português. Por esse critério, era ligeiramente mais difícil mencionar informações ou opiniões de *O Globo* ou de *O Estado de S. Paulo*. A *Folha*, no entanto, já era bem mais complicada. As duas consoantes "lh" são impronunciáveis para um alemão, para um francês, para um norte-americano. Tive pessoalmente muitas vezes a sensação de trabalhar para um jornal da Estônia, de Papua ou da Nova Guiné, quando, no início dos anos 80, um entrevistado me pedia que soletrasse o nome do jornal.

Digamos que esse obstáculo fonético persiste, mas nos chamados meios internacionalmente bem informados – acadêmicos, altos funcionários das Nações Unidas, Human Rights Watch, diplomatas do Foreign Office ou do Quai d'Orsay – nossos interlocutores já sabem, mesmo que remotamente, que a *Folha* é um jornal brasileiro importante e que seria indelicado para com o jornalista pedir para que a palavra seja soletrada.

Vejamos agora a base a partir da qual o jornal consegue montar suas pautas e redigir o grosso do noticiário. Em termos de agências internacionais, ele vem operando com o mesmo cardápio básico de assinaturas. Há a Reuters, a Associated Press, a France Presse e a EFE. Não há mais a Ansa e a UPI, cortadas em algum momento de redução dos custos operacionais da editoria. Em tempo: a editoria de Política internacional possui seu próprio borderô de gastos; cabe então ao editor sugerir na decisão de gastar determinada quantidade de dólares mensais na compra dos serviços de determinada agência ou substituí-la pela compra dos direitos de reprodução de textos de determinado jornal.

Compensando amplamente as duas agências a menos, em lugar de apenas o *Le Monde* entre os grandes jornais estrangeiros, a *Folha* passou a comprar os direitos de três outros jornais importantes em língua inglesa: no Reino Unido, o *Independent* e o *Financial Times*, e, nos Estados Unidos, o *New York Times*, que até há alguns anos tinha no *Estadão* seu cliente exclusivo para o mercado de São Paulo.

Existem duas vantagens meio óbvias nesses direitos de reprodução de material editorial de publicações estrangeiras. A primeira está no fato de todas elas terem colunistas ou redes de correspondentes com uma amplitude bem maior que a da *Folha*. Cobrem, apesar de suas aceitáveis idiossincrasias, áreas geográficas maiores. E o que é para o *New York Times* noticiário interno (Casa Branca, comissões do Congresso, tópicos acompanhados por dezenas de jornalistas de sua equipe) torna-se para a *Folha* noticiário internacional. Compreende-se que determinado secretário (ministro) norte-americano tenda a privilegiar o *Times* e não o correspondente de um jornal estrangeiro com alguma informação exclusiva ou com algum comentário que retrate algum impasse relativo à política norte-americana no Iraque. Pois é justamente a esse aspecto paralelo do noticiário que o jornal brasileiro passará a ter acesso.

A segunda vantagem é o atual estágio da tecnologia de transmissão de informações. Nos anos 60 ou 70, como já relatei, o *Le Monde* ia às bancas em Paris e só quando um exemplar impresso do jornal chegasse de avião ao Brasil é que a *Folha* tinha a possibilidade de reproduzir alguns de seus textos. Essa dificuldade deixou de existir porque em primeiro lugar as edições já fechadas do *Le Monde* estão *on-line*, no *web site* mantido por sua redação parisiense, e são constantemente atualizadas com reportagens que os correspondentes enviam depois do fechamento e que podem ser lidas por qualquer cidadão com acesso à Internet e que seja cadastrado para acessar determinada informação. Em segundo lugar, os jornais de outros países que têm o direito de reprodução do *Independent*, do *Le Monde* ou do *New York Times* recebem antecipadamente, em determinado diretório de suas redes internas de computadores, os textos de publicação programada para a edição do dia seguinte. Ou seja, um jornal como a *Folha* pode perfeitamente entregar a seu leitor um texto que o leitor norte-americano, britânico ou francês estará lendo simultaneamente.

Vejamos agora o que mudou com relação aos correspondentes. Entre os anos 80 e 2004, ocorreu uma transformação no perfil profissional do jornalista expatriado. Não se trata mais de uma personalidade da mídia brasileira na qual se valorizam os conhecimentos prévios sobre temas da política internacional e sua capacidade de emitir opiniões. O correspondente é hoje bem mais um repórter. Não se exigem dele textos opinativos que caracterizariam uma espécie de colunista sediado em um país estrangeiro. Mas, em contrapartida, há uma exigência de bem mais centrada em narrar fatos que ele tenha apurado. Essa mudança foi com certeza ditada por novos critérios que brotaram na mentalidade predominante do leitor. Se durante o regime militar ele poderia se entusiasmar com textos contundentes e carregados de polêmica – era o caso de Paulo Francis e sua atávica oposição à então União Soviética –, com o Brasil redemocratizado é como se o leitor médio tivesse reconquistado o direito de formar sua própria opinião, em lugar de recebê-la como uma espécie de prato feito jornalístico, entregue pelo correspondente da *Folha*, mesmo que se trate de um personagem singular e brilhante dentro da profissão.

Entre 1982, período abordado anteriormente, e 2004, agora retratado, parte dos correspondentes integra aquilo que na linguagem interna do jornal passou a ser chamado de "bolsistas". O bolsista é um jovem repórter ou redator que se candidata por meio de um concurso interno a passar um período de seis meses no exterior. O mecanismo tem a meu ver duas vantagens e uma desvantagem. As vantagens são a experiência que o jovem jornalista adquire ao manter contatos profissionais em um país estrangeiro, o que faz dele alguém de amadurecimento acelerado ao ser repatriado para a sede, e ainda o fato de a sede enquadrar com maior facilidade enfoques e tipos de fontes a serem ouvidas, algo que um correspondente sênior com mais experiência negligenciaria ou consideraria uma ingerência em sua rotina jornalística. A desvantagem está no período relativamente curto que o bolsista permanece no exterior; ele não tem tempo de familiarizar-se com suas fontes ou de montar uma rede de informantes que confia nele para abastecê-lo de informações *off-the-records* (aquelas que podem ser publicadas sem que o jornalista relate de que maneira as obteve).

O número e os locais a que os bolsistas são indicados é variável de acordo com uma penca de fatores. A *Folha* chegou a ter bolsistas na África do Sul, logo após o fim do *apartheid*; na Cidade do México, pela similaridade com o Brasil de adaptação à economia globalizada; e em Miami, local para onde convergiam apurações de corrupção durante o processo de *impeachment* do presidente Fernando Collor de Mello. A França é um país em que se alternaram correspondentes sêniores e bolsistas, em razão da perda da importância relativa daquele país, cuja *intelligentsia* deixou de ditar modismos culturais e cuja atuação política no cenário internacional se diluiu à medida que se acelerou o processo de integração interna da União Europeia.

Em meados de 2004, o jornal tinha correspondentes em Pequim e em Washington. Mantinha bolsistas em Buenos Aires e Nova York. E dispunha de *stringers* em Londres, Paris e Berlim. Estamos diante de um quadro quantitativamente bem mais magro do que aquele que existia no final dos anos 70, quando eram sete os correspondentes sêniores no exterior. Mas isso não significa que o leitor esteja recebendo menos informações ou que elas sejam necessariamente de qualidade inferior. E isso porque também mudou a maneira pela qual os jornalistas que atuam em São Paulo na editoria de Política internacional se relacionam com o noticiário. A *Folha* é um caso exemplar do desaparecimento da fronteira que separava o redator do repórter. Como já relatei em capítulo anterior, cabia há alguns anos ao redator apenas preparar o texto final com base em informações transmitidas pelas agências ou então dar a finalização (acentuando, sublinhando letras a serem impressas em maiúsculas, eliminando galicismos ou anglicanismos) aos textos enviados pelos correspondentes.

Hoje o redator tem uma participação infinitamente mais ativa na captação de informações integradas ao texto final. Seu terminal de computador é uma porta que lhe dá acesso à Internet. Por meio dela, ele descobre textos de especialistas, passa a entrevistá-los por telefone ou *e-mail*, acrescenta informações geopolíticas obtidas em atlas e enciclopédias *on-line*, recebe de centros de estudos estratégicos *newsletters* periódicas que alertam para a existência de um assunto que será objeto de uma abordagem superficial ou será ignorado por parte das agências de notícia. O redator continua obviamente a trabalhar com os telegramas das agências de notícias. Mas essa é apenas uma parcela de suas atribuições. Ele também apura, ele também entrevista, ele se tornou uma das antenas por meio das quais a editoria tem acesso à parte das informações que publica.

Vejamos agora a funcionalidade interna. O último retrato que fizemos da editoria, agora chamada Mundo, trazia um editor, um editor adjunto e seis redatores. Em 2004, há duas pessoas a mais e uma redistribuição de tarefas. A grande inovação está no surgimento de um pauteiro. Ele chega bem mais cedo ao jornal. Participa da reunião de pauta com os pauteiros das demais editorias e com o secretário do jornal para a área de produção (o outro secretário é encarregado do fechamento e da primeira página). É ele também que negocia com os bolsistas e correspondentes os temas em cima dos quais será preciso trabalhar para a edição do dia seguinte.

O expediente do pauteiro termina mais cedo. Ele não fica até o fechamento. Antes de sair deve preparar a pauta – os assuntos do dia, hierarquizados e distribuídos pelo editor à equipe em reunião diária às 14 horas – enviar textos de agência ou de jornais estrangeiros aos dois tradutores agregados à equipe e que se comunicam com a Redação por *e-mail*. Também adianta a preparação de infográficos sobre questões relevantes que, por uma questão de didatismo, precisem ser ilustradas por meio de mapas, cronologias, raios X de países ou resumos de tópicos que compõem determinada controvérsia diplomática ou conflito bélico.

Os correspondentes e bolsistas sediados na Europa trabalham com suas fontes em um fuso horário que, dependendo da época do ano e do país em que se encontram, estão de duas a cinco horas adiantados com relação ao horário de Brasília. Há muitos anos quem conversava com a equipe expatriada e negociava pela manhã os temas que seriam trabalhados era o chefe de reportagem da Agência Folha. Esse mecanismo tornou-se atribuição do pauteiro da editoria Mundo ou das demais editorias (em especial a de Dinheiro) para as quais a equipe expatriada envia seu material.

Vejamos, por fim, os assuntos que compõem o leque recente de interesses da editoria de Política internacional.

Há períodos em que um único assunto praticamente domina o noticiário. A Guerra do Iraque e seus desdobramentos foi um recente exemplo. Ele surgiu no final de 2002, quando os Estados Unidos demonstraram a predisposição de invadir o país, alegando a necessidade de neutralizar os supostos arsenais de armas de destruição em massa, antes que estas caíssem em mãos do terrorismo islâmico.

Guerras podem ser até legítimas, mas precisam também se conformar ao direito internacional. Para tanto seria preciso uma resolução específica do Conselho de Segurança das Nações Unidas, onde ao menos três dos cinco membros permanentes – França, Rússia e China – acreditavam não existirem provas de que o ditador Saddam Hussein tivesse armas químicas, bacteriológicas ou mesmo nucleares, e que seria preciso, mesmo com o auxílio de uma forte pressão internacional, prosseguir as inspeções da ONU no Iraque.

Desde o início, portanto, tratava-se de uma guerra controvertida. Os Estados Unidos estavam a ponto de mudar radicalmente de posição no tablado da percepção mundial. De vítimas – dos atentados do 11 de Setembro em Nova York e Washington – poderiam tornar-se agressores, algo que formalmente não haviam sido no final de 2001, quando da Guerra do Afeganistão, porque nessa oportunidade a operação e seu objetivo – desmantelar as bases de treinamento de extremistas islâmicos que eram ao mesmo tempo abrigadas e estimuladas pelo regime do Taleban – foram apoiados pela ONU.

O fato é que, no caso do Iraque, se formou uma coalizão mundial, oficial e oficiosa, para se opor à guerra planejada. O movimento pacifista assumiu nesse processo uma dimensão impressionante. A imprensa, de um modo geral, não entendia muito bem a maneira pela qual os pacifistas se mobilizaram. Os jornalistas estão habituados a enxergar organizações que funcionam como pirâmides, com uma cúpula minoritária de dirigente no comando de uma base numerosa de pessoas com capacidade operacional. São assim os exércitos, as empresas ou os partidos políticos. Eis que, sem uma liderança identificável, entre 15 e 16 de fevereiro de 2003, manifestações pacifistas saem às ruas em cerca de seissentas cidades de sessenta países. Foram dois milhões de manifestantes nas ruas de Londres, por exemplo.

A novidade estava na emergência de organizações horizontais, muito parecidas com aquelas que se opõem à globalização e que surpreenderam políticos, acadêmicos e jornalistas em Seattle, em 2000. São centenas de associações que se comunicam por meio da Internet. Não foi necessária uma hierarquia que distribuiria material homogeneizado. Cartazes e panfletos podiam ser acessados na Internet e impressos por cada um em casa. A Internet permitia reservar lugares em ônibus (foram no mínimo oitocentos os fretados pelos norte-americanos só para a imensa passeata de Nova York). Debaixo da bandeira pacifista, foi possível unificar grupos tão heterogêneos quanto comunidades religiosas de pequenas cidades, agrupamentos sindicais ou partidários e minorias sexuais. Os governos dos Estados Unidos e o Reino Unido, principais arquitetos da guerra em gestação, disseram na época que se manifestar contra os preparativos bélicos era um direito democrático de setores da população. Mesmo assim, os planos seguiriam em frente.

A guerra, porém, é desencadeada a 20 de março. Em 9 de abril, a estátua de Saddam, na praça Al Firdos, é derrubada por manifestantes. O regime ditatorial também estava no chão. Nos meses seguintes, contrariamente ao que esperava o governo norte-americano, as tensões internas não decresceram, a prisão de Saddam em dezembro não arrefeceu as atividades dos insurgentes, e setecentos militares norte-americanos morreram antes que o fim dos combates completasse um ano.

A exemplo de outros grandes jornais, a *Folha* passou a publicar um caderno especial diário com o noticiário da guerra e destacou uma equipe de emergência para fechá-lo. Entre os jornais brasileiros, saiu-se bem por dois diferenciais: foi o único jornal que manteve um repórter e um fotógrafo em Bagdá, do primeiro tiro à queda de Saddam. O repórter Sérgio D'Ávila enviou 120 reportagens em seus 35 dias de Iraque, e Juca Varella transmitiu fotografias exclusivas. O jornal manteve de prontidão um repórter para acompanhar as informações contraditórias da mídia e um especialista em exércitos e material bélico para que se entendesse a lógica militar da gigantesca operação.

Além dos correspondentes, bolsistas e *stringers*, parte do material foi produzido pela redação, com entrevistas feitas por redatores com especialistas americanos e europeus no Iraque e em história do mundo árabe. Esse material de fundo permitiu contornar o enfoque ingênuo segundo o qual, com o fim do regime autoritário, os soldados norte-americanos seriam recebidos com flores e os grupos étnicos internos, agradecidos e de modo pacífico, construiriam a democracia.

A Guerra do Iraque foi também o primeiro laboratório prático para as teorias de um grupo de intelectuais que se tornou bastante poderoso na administração norte-americana, os neoconservadores. Os "neocons" não se confundem com os *lobbies* tradicionais da direita. Não aderem à agenda interna da ala mais conservadora do Partido Republicano – contra o aborto, contra o casamento de gays e de lésbicas, pela manutenção da pena de morte como ferramenta que supostamente dissuade a criminalidade – e veem a democracia como um produto privilegiado de exportação. Interessaria aos Estados Unidos democratizar o mundo para evitar que Estados institucionalmente inviáveis se tornem viveiros do terrorismo e, por isso mesmo, ameacem a segurança americana. Os "neocons" foram cuidadosa e amplamente explicados aos leitores da *Folha*.

Como em nenhum momento o noticiário internacional é rigorosamente monotemático, eu resumiria com brevidade os demais tópicos. As relações entre Israel e palestinos se complicaram por meio de atentados terroristas, com o prosseguimento da segunda intifada, e a resposta do primeiro-ministro isrraelense, Ariel Sharon, de construir uma barreira divisória entre seu território e a Cisjordânia, com a incorporação de terras árabes e o desrespeito às fronteiras de 1967, anteriores à Guerra dos Seis Dias. Esteve também em pauta a proliferação nuclear, com as exportações de material pelo Paquistão para a Coreia do Norte e para a Líbia, esta última reintegrada à comunidade internacional depois de indenizar vítimas de voos comerciais abatidos em atentados e abrir suas instalações atômicas para inspeção internacional.

A política interna norte-americana esteve em voga com a abertura do processo de sucessão de George W. Bush. No Partido Democrata, foi efêmera a luminosidade da pré-candidatura de Howard Dean, e emergiu como candidato o senador John Kerry. A União Europeia se ampliou de 15 para 25 países-membro. O atentado em Madri no dia 11 de março de 2004 levou ao continente europeu a lógica do extremismo islâmico. Na América Latina, prosseguiu a crise interna na Venezuela, foi substituído o presidente da Bolívia e a Argentina ensaiava uma recuperação depois da crise econômica e política que derrubou Fernando de La Rúa, provocada pela paridade cambial do governo Menen.

O Iraque e cada um desses últimos tópicos interpelam a atenção de uma parcela minoritária dos leitores. No entanto – e já sublinhei a particularidade mais de uma vez em capítulos anteriores – são leitores com padrões sofisticados de interesse, com um grau de exigência provavelmente maior que o daqueles cuja atenção se volta apenas para um perímetro mais circunscrito de assuntos – como a economia, quando diz respeito ao próprio bolso, ou a cidade da qual é habitante, com seus problemas de transporte e segurança.

O leitor de política internacional já estava com sua atenção voltada para as demais regiões do mundo, antes mesmo que a globalização dos mercados tornasse menos nítidas as fronteiras que separam o Brasil de países estrangeiros. É neles, nesses leitores, que devemos pensar. É para eles que se procura produzir um noticiário internacional, sempre que possível, diferenciado e de boa qualidade.

Uma página da *Folha de S.Paulo* em 1969, quando a editoria internacional ainda recebia o nome de "Exterior".

111

Página da editoria de Exterior, da *Folha de S.Paulo*, em 1969: predominavam os telegramas de agências internacionais.

Em 1982, textos de correspondentes internacionais agregavam uma análise crítica ao noticiário da *Folha de S.Paulo*.

Em 1982, Cláudio Abramo, correspondente da *Folha de S.Paulo* em Paris, analisa os efeitos da guerra no Oriente Médio.

Como seria uma guerra nuclear

Estudo de cientistas mostra um cenário de destruição, dando uma ideia do holocausto: 750 milhões de pessoas morrerão na hora

O redator Marco Antônio Escobar fez pesquisa sobre como seria uma guerra nuclear, em página publicada pela editoria de Exterior em 1982.

FOLHA DE S.PAULO　　　　　　　　　　　MUNDO　　　　　　quarta-feira, 31 de março de 2004　A 13

ATENTADO *Mineiro desempregado explode carga de dinamite amarrada ao corpo; presidente diz que se trata de 'um ato isolado'*

Suicida mata 2 no Congresso boliviano

"Suicida mata dois em congresso boliviano": O redator Fabiano Maisonnave, a partir de curto despacho de agência, contatou fontes em La Paz e fez a mais extensa reportagem sobre o assunto na mídia brasileira. Página da editoria Mundo, 2004.

ÁSIA Pesquisas indicam que partido do atual premiê deve sair vitorioso; votos só começam a ser compilados em 13 de maio

Começa na Índia 'a maior eleição do mundo'

DA REDAÇÃO

Cerca de 660 milhões de indianos começaram hoje uma maratona eleitoral que segue até 10 de maio para escolher os 543 legisladores que ocuparão a Câmara Baixa do Parlamento nos próximos cinco anos e, consequentemente, um novo premiê.

Pesquisas indicam que o atual ocupante do cargo, Atal Behari Vajpayee, 79, deve obter seu terceiro mandato com relativa facilidade sobre Sonia Gandhi, 52, viúva de Rajiv Gandhi e líder do Partido do Congresso, que por anos dominou a política indiana.

Vajpayee, cujo BJP (Partido Bharatiya Janata) lidera uma ampla coalizão, consolidou seu já extenso apoio popular sobre um impressionante crescimento econômico e uma bem-sucedida política externa, cujo foco é a aproximação com o vizinho e rival nuclear Paquistão.

Além disso, beneficiou-se da fragilidade da oposição, que tem em Gandhi uma líder reticente que se, por um lado, carrega um sobrenome reverenciado, por outro, vê em sua origem italiana um ponto obscuro entre os eleitores.

As pesquisas mais recentes, divulgadas pela revista "India Today", mostraram que a coalizão governista deve ficar com 282 dos 543 assentos no Parlamento, pouco mais da metade necessária para governar. Mas a vantagem do partido vem diminuindo — pesquisas em janeiro indicavam a conquista de 335 cadeiras.

Economia forte

No ano passado, o PIB (Produto Interno Bruto) indiano saltou 10,4%, para US$ 510 bilhões, puxado por uma indústria de tecnologia de informação que se firmou entre as maiores do mundo.

A dificuldade do governo tem sido traduzir o vigor financeiro em indicadores sociais positivos, já que a Índia é só a 127ª no ranking de desenvolvimento humano da ONU. O crescimento econômico fez da homogeneização da sociedade uma demanda premente num país, na prática, ainda dividido em castas.

A secularidade é outro ponto da agenda eleitoral. O debate tem privilegiado a maior convergência entre a maioria hindu (80%) e

a minoria muçulmana (14%), e o BJP, cuja forte porção nacionalista hindu há anos implica numa relação tensa com os muçulmanos, adotou nesta vez um discurso mais moderado.

Ainda assim, a oposição segue acusando o governo de ter arraigada uma inclinação contrária aos 120 milhões de muçulmanos indianos e de representar uma ameaça ao caráter secular do país.

A votação de hoje abarca 13 dos 29 Estados indianos — incluindo Jammu e Caxemira, palco de confrontos entre separatistas muçulmanos e forças do governo, e Gujarat, onde as tensões entre hindus e muçulmanos se transformaram em embates sangrentos há dois anos. Jharkhand, Bihar e Andhra Pradesh — onde atuam milícias esquerdistas — também são foco de atenção.

Para evitar a violência, a segurança será reforçada durante o pleito. A Comissão Eleitoral disse ter tomado todas as "precauções adequadas para que todos os eleitores exerçam livremente e sem medo seus direitos".

Com agências internacionais

ELEIÇÕES NA ÍNDIA

660 milhões de pessoas aproximadamente votam

543 parlamentares serão eleitos para um de cinco anos

- A eleição se estende por 20 dias. Haverá votação hoje, em 26 de abril, 5 de maio e 10 de maio
- Os resultados começam a ser contabilizados em 13 de maio
- Pela primeira vez na história da Índia, serão usadas somente urnas eletrônicas

PRINCIPAIS CANDIDATOS

Atal Behari Vajpayee, 79
O carismático atual premiê está no cargo há seis anos, tendo cumprido dois mandatos. Líder do nacionalista BJP, atua politicamente desde a independência do país, em 1947. Antecipou as eleições e deve se reeleger

Sonia Gandhi, 52
Viúva de Rajiv Gandhi e líder do Partido do Congresso, que por anos dominou o país, Gandhi carrega e solenemente mais reverenciado da Índia. É tida como uma política discreta e mesmo reclusa. Nasceu na Itália e mudou-se para a Índia aos 13 anos

Raio-X
- **Nome:** República da Índia
- **Forma de governo:** República parlamentarista
- **Capital:** Nova Déli
- **Línguas oficiais:** hindi e inglês
- **PIB:** US$ 510 bilhões (2003)
- **Moeda:** rúpia indiana
- **População:** 1,01 bilhão
- **Religiões:** hindus 80%, muçulmanos 14%, cristãos 2,4%, sikh 2%, budistas 0,7%, outros 0,9%
- **Posição no IDH*:** 127º

*Índice de Desenvolvimento Humano (IDH) da ONU

"Começa na Índia a maior eleição do mundo". A redatora Luciana Coelho só obteve das agências 23 linhas de seu texto. O restante da matéria foi apurado por *e-mails* trocados com especialistas em política indiana. Editoria Mundo, 2004.

A 22 domingo, 28 de março de 2004 — MUNDO — FOLHA DE S.PAULO

AMÉRICA LATINA *Para Marta Lagos (Latinobarómetro), discurso pouco crível e equívoco sobre democracia resultam em má avaliação*

Líderes latino-americanos frustram eleitor

OTÁVIO DIAS

É tarefa quase impossível tirar conclusões gerais sobre os diferentes processos políticos da América Latina, mas, segundo a pesquisadora chilena Marta Lagos, há uma percepção majoritária entre as populações da região e de que seus governantes dão em desmerecidos, não são poder para fazer as expectativas e utilidade democracia por eles mantidos.

"O discurso pouco crível dos políticos, associado à sensação de dispersão do poder, explica por que muitos governos estão tão mal avaliados", diz Lagos, diretora-executiva do Latinobarómetro, sediado em Santiago.

O projeto, fundado em 1995 nos moldes de uma análoga associação europeia de opinião sobre em 17 países latino-americanos e tem sido um importante medidor do apoio à democracia na região.

Segundo Lagos, cresce um sal-mundo entre democracia e do sistema econômico. "Pro-cuautro trazer a democracia de volta ao que ela é: um sistema político que privilegia a paz e a liberdade a liberdade", diz.

A pesquisadora esteve no Brasil na primeira quinzena de março para um seminário sobre democracia na América Latina promovido pelo Instituto Fernando Henrique Cardoso e a Fesp, em São Paulo. Leia entrevista concedida à Folha.

*

Folha - Há muitas diferenças no cenário político da América Latina. Mas parece haver uma coisa que é comum a vários países: a percepção das populações de que os governos das últimas 15 anos ou 25 anos, justamente o período da redemocratização de boa parte da região, não conseguiram melhorar a vida dos peruanos. Isso é correto?

Marta Lagos - A percepção das pessoas das populações é de que os governos produziram o poder para lidar com os expectativas. Isto foi a pessoa acha que os presidentes não os políticos em geral não tem poder institucional, não restaram para tratar sua vida. Lago, em fim-tantes. Há outros agentes, como as empresas privadas, o mundo globalizado e as fusões (empresariais) que disputam poder com os governantes. O problema é que os políticos não têm poder em prometer relações. Esse discurso pouco crível, associado a sensação de dispersão do poder, explica por que muitos governos estão tão mal avaliados.

Folha - É possível, por mais da pesquisa, detectar por que tantos economistas e cientistas têm passado tão menor respaldo popular?

Lagos - Sempre, tire a campanha do presidente argentino Raul Alfonsín, em anos 80, que falou ia e dir "Com a democracia se come, com a democracia se vive, com a democracia se trabalha". Esse tem sido otto discurso democrático em tantas: é falso. A democracia é um sistema político que privilegia a paz, o entendimento e a liberdade, mas não necessariamente asseguram a prosperidade econômica. Os políticos latino-americanos que a venderam como se fosse um 'copo de leite' prejudicaram o processo de construção de nossas democracias.

Venezuelana exige que o presidente Hugo Chávez aceite plebiscito sobre a duração de seu mandato, durante protesto em Caracas

A democracia é um sistema político que privilegia a paz, o entendimento e a liberdade, mas não necessariamente asseguram a prosperidade econômica. Os políticos latino-americanos que a venderam como se fosse um 'copo de leite' prejudicaram o processo de construção de nossas democracias

Marta Lagos, fundadora do Latinobarómetro, em São Paulo

tes dizendo "a democracia é um copo de leite". Ela foi vendida de forma muito propóxita pelos políticos. E a população outrgou em concepção. Finalmente, os políticos sofrem as conseqüências desse equívoco. Prejudica-se trazer a democracia de volta ao que ela é.

Folha - Colocar não aprendemos muito. Na última eleição presidencial do Brasil, os candidatos passaram ... horas de campanha; ainda tentaram promessas estúpidas nas questões da de empregos, aumento de tempo. Tanto que o próprio Lula, quando esteve no Brasil, não criticou o governo pois as reformas ecológicas que os partidos criticavam antes viraram bandeira.

Lagos - A democracia requer uma legitimação profunda, que não depende do desenvolvimento econômico. Os políticos que a vendem não como "copo de leite" prejudicaram o processo de construção de nossas democracias. Ao América Latina precisa de

... cidadãos democraticamente solidos. Deve-se valorizar para caminhantes que Ia democracia, para o mesmo distanciamento... na dor para esfolada, reação vejamos, eras era no sobre um espresso da cultura, para o valor da alta da economia. Acho que tinha comitiva em todo caso e outro se como nosso las seus democrática.

Folha - Qual é a sua avaliação em relação aos protestos que aconteceram em vários momentos em várias partes contra seus respectivos governos? Houve o caso da Argentina a, mais recentemente, da Bolívia e da Venezuela.

Lagos - Temos visto, na Bolívia, Lagos, is, protestos dos mass-cons do inter caso da Argentina, onde a população espalha até pri-dente. Os argentinos estão com em dizer: basta que pela tua reforma, porque as camis-evolo... cansam na juventude. Acho que tinha em fatos os uns outros e de base de cultura, olho que é como nossos las seus democrática.

Lagos - Os venezuelanos estão divididos, cada qual, em seu lugar.

FRANÇA *Se centro-direita sair derrotada em segundo turno de eleições hoje, o presidente Chirac poderá demitir Raffarin*

Eleições regionais podem derrubar o premiê francês

MARCIO SENNE DE MORAES
DA FRANÇA

O segundo turno das eleições regionais francesas, que ocorre hoje, é vital para o futuro político do premier Jean-Pierre Raffarin, que deverá perder seu posto se o centro-direita, do presidente Jacques Chirac, amargar mais derrota como já é previsível.

No domingo passado, o centro-direita ficou com cerca de 34% dos votos, ou poeira percentagem abaixo da "esquerda tradicional", sua maior rival. O resultado foi visto como uma derrota para para Raffarin, que já vinha sendo pressionado por causa de seu projeto de reforma (que levou há semanas três milhões de franceses às ruas sob o nome) do Estado do Bem-Estar Social Francês) e do aumento do desemprego, que está em torno de 9%. Buscando limitar os estragos no segundo turno, Raffarin foi obrigado a chamar para o espeça do comitê da campanha do lider do centro-direita o ministro das Interior, Nicolas Sarkozy, bastante popular entre os membros de alas mais conservadoras da direita francesa graças a sua firmeza no combate à insegurança vivida no país - sentida - pela população seguinte...

Embora possa funcionar a curto prazo, impedindo a derrocada eleitoral ao centro-direita, a decisão de Raffarin, que se tornou o "candidato" da campanha, poderá custar-lhe cedo o mesmo a longo prazo.

Afinal, sendo o "motor" da campanha do partido de Chirac (UMPF), Sarkozy - uma esperança política e versus o premier, segundo especialistas - terá maior controle sobre o centro-direita e por conseguinte maior influência.

Além disso, a UMP (União pelo Movimento Popular) deve seu presidente desde que o deputado Alain Juppé foi condenado por corrupção, no início do ano passado. Chirac pretendia indicar-lhe o sucessor e seu ministro no Parlamento ajuda de partido, porém o seu atual candidato Nicolas Sarkozy quer posto com indépedente de Chirac.

"Os pavões nem nem desejos em amabilidade apoiar com uma de 'esquerda tradicional' na Francez. Nessas atual, a pista com o Holande, mesmo na culpa."

...que estáncia e moderna

Ele sabe que tem tantos trabalhadores no sábado se seus de grande valor et tem lhes confirmado boa defesas, então se são vão os vocados só a esperança tem com dever-trabuar os que os dizem têm dineiro desmanchou em ...avanço do Paris da deputata do pardo, a possibilidade de chegar a um acordo eleitoral (UMP, os UDF, centristas) caso a desta da 2º turno seja marcada a situação de para Raffarin.

Holande também sabe que fim paga 4a ocasião do PM ligado na faixa reidade LMP, os usa é tão que do diminuto ficou por a pelo trabalhar não tendo reedizel-lo para carente um Miller (UMP - 32).
...um gozando com a vício-presidência ou todo se... senhum.

Os primeiros número nem são-ano são compra regidos, captada.
um como "esquerda tradicional" na França. Mesmo assim, o partido do Foullon dos reedes. Four Holande retém esta vida.
O último comparado acusa tendo, que nos tinha que a revolução política...

regional, que se em frio como ela se mostraram uma eu no centro-direito. (UK 22 ações administrativa na frança. Ao no Noubou Chirac mão vendo permissão e Raffarin, o PS mais boas Chirac Nó tempore todo
quando atuar o terceiro maior partido francês, não a França já que se presidente voltou a mi- ...mostrar da Dublin UMP (elemento- ...
nal de Jean-Marie Le Pen) entre 20% e 50%, que corresponde a 2003, pois a consequência da 2º segunda no primeiro comprando do 4 Pondu que
que foi...lo com eles ...encoberam...avanço so senador, que...
...em...embora...mais aliança...

P.S., militante Louzar lipo pelo Parti do partido da comunidade, esperaria...
o dispersão de acordo com os se comprar a fisico mais conhecer. Os
centros políticos no desacordo em.

Os redatores Otávio Dias de Oliveira e Márcio Senne de Moraes entrevistaram suas próprias fontes para o fechamento dos textos, publicados em uma página de domingo da editoria Mundo, em 2004.

118

GUERRA SEM LIMITES UE anuncia medidas de combate ao terror, que visam proteger o continente de ataques como os de Madri

Europa cria coordenador antiterrorismo

OBRIGADO Profissionais que trabalharam no atendimento às vítimas dos atentados do dia 11 são homenageados em Madri; a polícia prendeu mais cinco suspeitos, elevando o total de detidos para 18

ARTIGO

Fé na democracia é a melhor defesa contra o terror

JAVIER SOLANA

ALEMANHA Intenção de 'adaptar' Estado do Bem-Estar Social à crise é criticada

Atacado, Schröder defende reformas

MÁRCIO SENNE DE MORAES
DE BERLIM

Schröder gesticula durante discurso no Parlamento (Berlim)

TEMPO QUENTE

Reprodução de notícias de jornais estrangeiros e material exclusivo, produzido pela redação, dão maior densidade à página internacional.
Folha de S.Paulo, 2004

DEMOGRAFIA *Pela primeira vez na história, a população mundial em áreas urbanas superará a que vive em áreas rurais*

Maioria viverá em cidades em 2007, diz ONU

TERROR *Premiê pede calma à população*

Bomba é achada em linha de trem francesa

PANORÂMICA

CENTRO DE TORTURA ARGENTINO VIRA MUSEU

DIPLOMACIA Blair premia Gaddafi com visita histórica à Líbia; oposição critica o encontro

EUA Powell pede adiamento de novo passaporte

Pesquisas e estudos de entidades internacionais são analisados pela redação, que produz material diferenciado das agências de notícias. Editoria Mundo, 2004.

CRONOLOGIA

1477
A França monta a primeira estrutura dos correios, fundamental para a circulação de informações.

1526
Morre o banqueiro Jacob Függer von der Lilie, criador da primeira *newsletter.*

1605
Abraham Verhoeven publica, em Antuérpia, a *Nieuwe Tijudinger,* primeiro jornal com notícias internacionais.

1631
Lançado em Paris o jornal *Nouvelles Ordinaires de Divers Endroits.*

1766
Suécia aprova a primeira lei mundial sobre a liberdade de expressão.

1814
Ingleses criam a imprensa a vapor; em 1865 criariam a máquina de impressão cilíndrica.

1808
O *Correio Braziliense*, de Hipólito da Costa,
é lançado em Londres; no Rio, circula
pouco depois a *Gazeta do Rio de Janeiro*.

1815
Notícia da vitória prusso-britânica contra
Napoleão, em Waterloo (Bélgica), demora
cinco dias para chegar a Londres.

1835
Primeira agência de notícias, criada na
França por Charles Havas, atual AFP.

1848
Primeira agência de notícias norte-americana, a Associated Press.

1851
O alemão Paul Julius Reuter abre em Londres
uma agência que até hoje leva seu nome.

1858
A Associated Press transmite primeiro telegrama da Europa para os Estados Unidos.

1871
O jornal inglês *The Guardian*, na época
publicado em Manchester, inova no equi-
líbrio da cobertura ao enviar repórteres
simultaneamente para as tropas francesa e
prussiana, então em guerra.

1874
D. Pedro II inaugura os serviços telegráficos com a Europa; início no Brasil

em 1877 do noticiário internacional por telegramas de agência.

1878
Começa a ser publicado em São Paulo o *Germania*, primeiro jornal para uma comunidade de imigrantes.

1889
Inventado nos Estados Unidos o linotipo.

1919
Nasce o radiojornalismo na Holanda; no ano seguinte ele surgiria no Reino Unido.

1923
Primeiro número da revista norte-americana *Time*, em que a coluna "People" circunscreveu o noticiário sobre celebridades.

1936
Em 10 de dezembro, o rei britânico Eduardo VIII renuncia ao trono para se casar com uma divorciada norte-americana, no maior episódio "people" do século XX.

1941
Vai ao ar, no Rio, o Repórter Esso, que modernizaria o jornalismo internacional no Brasil.

1946
Estreia do Matutino Tupi, programa radiojornalístico das Emissoras Associadas.

1950

Em 19 de setembro a TV Tupi Difusora de São Paulo transmite Imagens do Dia, primeiro programa brasileiro de telejornalismo.

1951

Primeiro serviço de radiofotos disponível para jornais brasileiros.

1962

Nasa lança em 10 de julho o Telsat, primeiro satélite de telecomunicações.

1983

A *Folha de S.Paulo* é o primeiro jornal brasileiro a substituir as máquinas de escrever por terminais de computador.

1992

A Internet começa a operar no Brasil fora do restrito circuito acadêmico; redatores de política internacional ganhariam uma ferramenta para complementar o material mais sumário das agências.

1992

Início de operações da TVA, primeira empresa de televisão por assinaturas; CNN, BBC, Deutsche Welle e Fox chegariam ao Brasil entre canais de informações estrangeiros.

BIBLIOGRAFIA COMENTADA

O jornalismo internacional é uma área bem pouco frequentada na bibliografia disponível para os estudantes e profissionais brasileiros que pretendem especializar-se na área. Mesmo assim, aqui vão algumas indicações, em que a questão é abordada de modo periférico.

História da imprensa no Brasil,
de Nelson Werneck Sodré (Civilização Brasileira, 1966). Apesar dos quase quarenta anos de publicação e de uma forma anacrônica de utilizar o marxismo, é ainda um trabalho de referência exemplar.

Folhetim, uma história,
de Marlyse Meyer (Companhia das Letras, 1996). Trata do jornalismo pelo ângulo literário, mas define um momento, em meados do século XIX, em que, por meio da ficção, internacionalizou-se o campo de interesse do leitor.

O rádio no Brasil,
de Sônia Virginia Moreira (Rio Fundo Editora, 1991). Monografia sobre um meio de comunicação "revolucionário" na década de 20 do século passado.

A Televisão no Brasil: 50 anos de história (1950-2000), de Sérgio Mattos (Editora Ianamá, 2000). Outra monografia histórica sobre um outro veículo que seria revolucionário três décadas depois.

A Imprensa Brasileira e a Primeira Guerra Mundial, de Sidney Garambone (Mauad, 2003). Um levantamento historiográfico de como a notícia "pausterizada" – entregue pelas agências internacionais com a mesmo enfoque para o conjunto de publicações assinantes – era retratada e individualizada, dependendo das opções editoriais.

Para ter acesso a textos ensaísticos sobre problemas de política internacional, a quantidade de publicações e seus respectivos *web sites* é praticamente infinita. Aconselho Le Monde Diplomatique (www.monde-diplomatique.fr), Haaretz (www.haaretzdaily.com), Brookings Institution (www.brook.edu), International Crisis Group (www.intl-crisis-group.org), Center for Strategic and International Studies (www.csis.org), New York Review of Books (www.nybooks.com), London Review of Books (www.lrb.co.uk), Fundação Nieman (www.nieman.harvard.edu) da Universidade de Harvard, Iraq Occupation Watch (www.occupationwatch.org), Foreign Affairs (www.foreignaffairs.org), Atlantic Monthly (www.theatlantic.com), International Institute for Strategic Studies (www.iiss.org) etc. Um *site* sobre universidades americanas com trabalhos sobre CAR (Computer Assisted Reporting), ou RAC, sigla em português: www.powerreporting.com/syllabi.html.

Este livro foi compilado com base em uma prática simples que também utilizo para minhas atividades profissionais cotidianas. Entrei em todas as páginas que o Google poderia me indicar. Fui particularmente feliz ao frequentar o histórico das agências internacionais de notícias, verifiquei as datas de acontecimentos no "Quid" (Paris, Robert Lafont, 2003) e obtive informações práticas e históricas preciosas na edição eletrônica da *Enciclopédia Britânica* e nos arquivos do *Le Monde*, *BBC On-line*, *New York Times*, *The Guardian* e *El País*.